管理学学位论文写作

徐迪——著

MANAGEMENT THESIS
AND DISSERTATION WRITING

清华大学出版社
北京

内 容 简 介

本书以管理学为对象，根据学术型学位论文和专业硕士学位论文的特点和要求，分别介绍管理学学位论文的写作内容、写作方法和写作过程。主要内容包括学位论文的定位，学位论文的规范，学位论文的选题，学位论文的导论、本论、结论，学位论文的辅文，学位论文的体例，学位论文写作流程等。本书包含丰富的学位论文示例，适合管理科学与工程、工商管理等学科的学术型硕士研究生、博士研究生，以及MBA、EMBA、MEM、MPAcc、MTA等管理类专业硕士学位研究生阅读，也可供公共管理、经济学等相关学科的学术型研究生、博士研究生和专业硕士学位研究生参考。

本书封面贴有清华大学出版社防伪标签，无标签者不得销售。

版权所有，侵权必究。举报: 010-62782989, beiqinquan@tup.tsinghua.edu.cn。

图书在版编目（CIP）数据

管理学学位论文写作 / 徐迪著 . —北京：清华大学出版社，2023.1（2025.7 重印）
ISBN 978-7-302-62418-9

Ⅰ.①管… Ⅱ.①徐… Ⅲ.①管理学－学位论文－写作 Ⅳ.①C93

中国国家版本馆 CIP 数据核字 (2023) 第 016224 号

责任编辑：陆浥晨	
封面设计：李召霞	
版式设计：方加青	
责任校对：王凤芝	
责任印制：沈　露	

出版发行：清华大学出版社
　　　　网　　　址：https://www.tup.com.cn，https://www.wqxuetang.com
　　　　地　　　址：北京清华大学学研大厦 A 座　　邮　　编：100084
　　　　社 总 机：010-83470000　　　　　　　　　邮　　购：010-62786544
　　　　投稿与读者服务：010-62776969，c-service@tup.tsinghua.edu.cn
　　　　质 量 反 馈：010-62772015，zhiliang@tup.tsinghua.edu.cn

印 装 者：涿州市般润文化传播有限公司
经　　销：全国新华书店
开　　本：170mm×240mm　　　　印　张：13　　　　字　数：173 千字
版　　次：2023 年 3 月第 1 版　　印　次：2025 年 7 月第 3 次印刷
定　　价：49.00 元

产品编号：098122-01

前　言

本书的内容源于笔者20多年来指导研究生学位论文的研究和写作过程中积累的思考、经验和感悟。这些年来，笔者指导和评审的各类学位论文可谓成百上千。此外，10多年来从事高校研究生教育教学管理工作的经历也使笔者有更多的机会面对和思考学位论文研究、写作、评审和答辩中出现的各种问题甚至难题。

自2021年4月起，有感于学位论文的某些共性或者有争议的问题，笔者开始陆陆续续在自创的微信公众号上发表一些关于管理学学位论文写作的短文，希望对研究生的学位论文写作有所帮助。这些短文大多针对一两个主题，长短不一。一年多来，也发出了十来篇文章。引起了一些关注，更直接促成了本书的写作计划。清华大学出版社陆浥晨编辑在看了笔者的微信公众号的短文之后，询问是否有兴趣写一本关于管理学学位论文写作方面的书。如此盛情，却之不恭，虽无把握，却也欣然接受。主要是因为笔者在这方面有很多话想说，与其零敲碎打地应对不期而至的问题，不如逼着自己系统地梳理在学位论文写作方面的思考，形成一个相对完整的体系。

诚然，写书跟写短文有很大的不同，笔者那些随手而发的短文，大都是在指导研究生学位论文写作、评审和答辩过程中有感而发的有针对性的短文。很多时候属于不吐不快的急就章，一两个小时甚至半个小时的时间一挥而就，来不及深思熟虑就匆匆发布，难免有不严谨之处，文字风格也较为随意，甚至有类似于网文的口语化。而写书则大不同，除了要符合出版严格要求的体例之外，更要有一定的系统性、规范性、原创性，还要有自己的特色。市面上已经有许多学位论文写作指南的教材，网上也有大量关于学位论文写作指导的文章。如果笔者的书与这些已有的文献没有多大的区别，只是起到资料搬运和堆砌的作用，就没多大意义。还好，多年的研究生教学和管理实践给了笔者底气和勇气，有信心承担这项有意义的工作。

学位论文写作是研究生在学期间最重要的工作，学位论文是研究生学习和研究最终成果的体现，也很可能是多数研究生一生中写得最长的文章。与研究生学习期间的课程作业和考试不同，学位论文将伴其一生，还要公之于众，受世人的关注和检视，影响终身。近年来，网络上爆出诸多关于学位论文质量低劣甚至抄袭的丑闻，荒诞不经。有的还涉及名人、网红，导致涉事者人设崩塌，学位被剥夺。涉事高校更是声誉受损，压力颇大，纷纷祭起各种监控措施，严加管束。开设学位论文写作必修课就是重要的举措之一。

传统上，学位论文的写作只是导师和研究生师徒两人之间的事，少有系统的课程支撑。即使有写作课，也常常是安排多位导师讲座式地各讲一场。每个导师由于教育和学术背景不尽相同，各有所长，对学位论文有各自的理解和要求。不同导师有不同理念和价值观，有不同的标准，有时甚至可能相互矛盾、相互对立，缺乏相对统一的规范和标准。这些差异反映在学位论文的评审和答辩过程中，可能引起更为直接的争议，甚至冲突，使得研究生在学位论文写作和答辩过程中无所适从。因此，学位论文的论文写作必修课确有必要，但更重要的是要建立完善的课程体系，为学位论文的写作提供必要的支撑。其中教材就是课程体系建设的重要一环。从这个角度看，本书的写作也有其特定的意义。

按照上述初衷和思路，本书试图构建一个较为系统的学位论文写作框架，包括静态的文本结构和动态的写作流程。

全文共分 9 章。第 1 章以学位论文的定位为题，从学位、论文、著作等三个不同的角度进行比较分析，明确学位论文的目的、特点和要求，进而明确学位论文的定位。

在此基础上，第 2 章明确学位论文的规范，包括理念规范和技术规范两个方面。其中技术规范建立在中华人民共和国国家标准《学位论文的编写规则》（GB/T 7713.1—2006）的基础之上，兼及管理学科的特点，使得学位论文的技术规范有统一的标杆。

第 3 章讨论学位论文的选题，包括学术型学位论文的选题和专业硕士学位论文的选题两个方面。

本书根据学位论文的特点，把学位论文的主体分为导论、本论和结论三个部分，分列于第 4 章、第 5 章和第 6 章。其中第 4 章导论包含了导论的各结构要素，包括研究问题及其意义、研究现状或文献综述、研究内容、研究方法和论文结构的写作要求。第 5 章分别讨论学术型学位论文和专业硕士学位论文的本论。第 6 章介绍学位论文结论所含的研究总结、研究结论、研究创新和研究展望等结构要素的写作要求。

第 7 章介绍学位论文的辅文，包括前置辅文的目录、摘要和关键词，以及后置辅文的参考文献、致谢、附录等。

第 8 章介绍学位论文的体例，包括页面设置、标题和编号、导语和章小结、图的规范、表的规范等。

学位论文的完成不仅涉及答辩前的研究和写作，评审和答辩后的修改对学位论文的完成也有重要意义。因此，第 9 章讨论学位论文的研究和写作流程，包括学位论文的研究和写作、学位论文的评审和学位论文的答辩等三个部分。

如果说本书的第 1 章和第 2 章讨论的是学位论文应该是什么样子的，那么从第 3 章到第 8 章讨论的是学位论文实际是什么样子的，即学位论文的静态文本结构。最后介绍的是这样的学位论文是如何完成的,即学位论文的动态写作流程,包括评审和答辩。

本书针对研究生学位论文写作中常见的问题和学位论文的特点和要求,试图有理有据地分析学位论文的写作过程和要求,辅以丰富的示例。这些示例大都是最近一两年来笔者自己指导的研究生的学位论文,包括博士学位论文和专业硕士学位论文。因此,某种程度上说,本书是笔者和笔者的研究生们共同成果的结晶。此外,在研究生学位论文写作、学位论文评审和答辩过程中,众多研究生、研究生导师、评审和答辩专家提出了各式各样的亟待回答的问题,有些还是有争议的难题,这些问题倒逼着笔者思考和总结相关问题,寻找问题的合理答案,在相当大程度上启发了本书的思路,更极大地丰富了本书的内容。特此致谢!

学位论文本质上是研究生研究工作结果的呈现,这种呈现的方式虽然根据其内在要求有一定之式,但也不是一成不变,更不是一蹴而就的。时代在变化,观念在更新,学术在进步。本书只是这个进程中的一次尝试。一家之言,一孔之见,不足为训。只是希望给正在学位论文写作中时有困扰的研究生们一些有价值的建议。这些建议有理有据,据此形成学位论文合理的章节结构。恰如朱子所言:"文者,顺理而成章之谓。"同时,也期待得到不同理念和价值观的包容。

徐 迪

2022 年 9 月 8 日

目　　录

第 1 章　学位论文的定位

1.1　导论 / 2

1.2　学位与学位论文 / 4

1.3　论文与学位论文 / 11

1.4　著作与学位论文 / 12

1.5　本章小结 / 14

第 2 章　学位论文的规范

2.1　导论 / 18

2.2　理念规范 / 19

2.3　技术规范 / 20

2.4　本章小结 / 26

第 3 章　学位论文的选题

3.1　导论 / 30

3.2　学术型学位论文的选题 / 32

3.3 专业硕士学位论文的选题 / 35

3.4 本章小结 / 40

第 4 章 学位论文的导论

4.1 导论 / 42

4.2 研究问题及其意义 / 46

4.3 研究现状或文献综述 / 60

4.4 研究内容 / 70

4.5 研究方法和技术路线 / 75

4.6 论文结构 / 85

4.7 本章小结 / 90

第 5 章 学位论文的本论

5.1 导论 / 92

5.2 学术型学位论文的本论 / 92

5.3 专业硕士学位论文的本论 / 99

5.4 本章小结 / 101

第 6 章 学位论文的结论

6.1 导论 / 104

6.2 研究总结 / 105

6.3 研究结论 / 107

6.4 研究创新 / 112

6.5 研究展望 / 116

6.6 本章小结 / 121

第 7 章 学位论文的辅文

7.1 导论 / 124

7.2 摘要和关键词 / 124

7.3 参考文献 / 129

7.4 致谢 / 138

7.5 目录、附录和相关科研成果 / 145

7.6 本章小结 / 146

第 8 章 学位论文的体例

8.1 导论 / 148

8.2 页面设置 / 148

8.3 标题及编号 / 149

8.4 导语和章小结 / 150

8.5 图的规范 / 152

8.6 表的规范 / 155

8.7 本章小结 / 159

第 9 章 学位论文写作流程

9.1 导论 / 162

9.2 学位论文的研究和写作 / 164

9.3 学位论文的评审 / 172

9.4 学位论文的答辩 / 176

9.5 本章小结 / 196

参考文献

第 1 章 学位论文的定位

1.1 导论
1.2 学位与学位论文
1.3 论文与学位论文
1.4 著作与学位论文
1.5 本章小结

1.1 导　　论

学位论文顾名思义是为了获得学位所撰写的论文,以此证明学位论文作者达到了相应学位所要求的理论基础、科学素养、学术水平、科研能力和应用能力。中华人民共和国国家标准《学位论文编写规则》就将学位论文定义为"作者提交的用于其获得学位的文献"[1]。

如无特别说明,本书所称的学位论文特指管理学尤其是管理科学与工程和工商管理等主要以企业的管理活动为研究对象的学位论文。

然而,现实当中的学位论文,常常有如下几种看似合理却引发争议的现象。

第一,把管理学学位论文研究和写作的目的表述为"为了解决企业存在的实际问题,为本行业相关企业的管理实践提供借鉴,同时为政府决策部门提供建议"。

第二,把管理学学位论文写成工作报告、管理手册或应用指南,行文用语是指导性的、指令式的、结论性的,甚至口号式的。例如,在讨论和分析问题时,常常采用声明型标题[2],即直接在标题上下结论,如"管理水平低""员工素质差""运行效率低下"等。在提出改进措施或解决方案时,常见的标题有"提高管理水平""加强员工培训""提高运营效率"等,尤其是那些以现实中真实企业为研究对象的专业硕士学位论文。

第三,按教科书的表述逻辑介绍相关基本概念、基础理论和常用方法。甚至堂而皇之地单列一章"理论基础"。有时虽然冠以"文献综述"或"理论综述"等更具学术性的标题,实际内容却还是教科书式地介绍相关基本概念、基础理论和常用方法，并声称这样可以使学位论文更有理论依据，更加完整，更具有可读性，或者反映了作者的学术功底，等等。

第四，学位论文的行文逻辑是知识传播逻辑，甚至教学逻辑，而非研究逻辑。有时是理论、方法导向，而非问题导向，即以介绍相关理论和方法为主线，举例加以应用和说明，而非面向管理问题，并应用相关管理理论和方法解释管理现象或提出解决方案、解决管理问题。

第五，学位论文被冠以一个抽象、宽泛、普适性的标题，然后"以某某企业为例"作为副标题。例如"电子商务企业的供应链风险管理研究：以A公司为例""房地产企业的投融资决策：以M公司为例"，等等。实际研究的却是现实中真实企业的具体管理问题，或者系统地介绍相关管理理论，然后以现实中的真实企业为例加以应用和说明。

上述现象不一而足，在相当长的时间、相当大的范围内产生了较大的影响，在学位论文的写作、评审乃至答辩中甚至起到了主导作用，成为主流。包括某些学位论文写作指南之类的教科书所提供的范式或范文也建议甚至倡导这些模式，这也引发了许多思考和争议，给导师、研究生、评审专家和答辩专家都带来诸多困惑。而这些问题都涉及学位论文的标准和规范，影响到研究生的毕业和学位授予，进一步可能涉及公平正义，甚至引发某些不必要的阴谋论和相互猜疑，还可能导致紧张的人际关系，即使在评审和答辩中采用双盲和单盲模式也难以避免。这表面上是范式问题或文风问题，实质上可能是学风问题，涉及学术价值观。

究其原因，很大程度上在于人们对学位论文的定位不清晰、不准确，或者没有将学位论文的定位贯穿于学位论文的写作、评审和答辩过程中，导致标准不一、双标、学术不规范乃至学术失范。

新中国的学位教育和学位授予的历史不长，始于1981年，迄今仅有40多年。学位教育包括学位论文规范、标准和要求，主要是在借鉴境外发达国家或地区经验的基础上进行探索，也受传统中国文化著述模式的影响，特别是在人文和社会科学领域。

我国学位的授予主要以学位授权点（主要是各高校或科研机构）为主，各高校或科研机构的定位不同，教育和学术水平有差异，对学位论文的要求和标准各异，在这个过程中出现各式各样的问题、矛盾甚至争议也是正常现象，甚至也允许不同的标准乃至规范并存。这些不同的标准乃至规范其实也反映了学位授权点的学术价值观、学术水平和学术地位。但是，社会在进步，学术在发展，学位论文的规范和标准也应该有新的标杆，要向更高的标准看齐，逐渐达成共识，趋同一致，适度包容，进而减少争议。即使是不同的规范也要符合共同的基本标准或价值观。

而这种基本的标准和价值观应该体现在学位论文的定位之上，共同的规范也应该符合学位论文的定位。学位论文的定位应来源于学位制度和学位教育的培养目标。因此，有必要从学位、论文和著作三个角度明确学位论文的定位，为学位论文的选题、要素、结构和表述逻辑提供基础性的支撑，达成标准和规范方面的共识和包容，更大程度上平息或避免如上述所列诸多不必要的矛盾和争议，即所谓"顺理成章"。其"理"在于学位论文之定位，其"章"则体现为基于学位论文要素、结构和表述逻辑所形成的合理的章节结构。

1.2　学位与学位论文

从学位的角度看，在当今世界的高等教育体系中，学位主要有学士、硕士和博士三个等级，分别对应本科生、硕士研究生和博士研究生。而在硕士研究生和博士研究生中，又有学术型和应用型两大类。虽然学界有人认为当今的学位制可以追溯到中国古代的科举制，以秀才、举人、进士分别对应学士、硕士和博士,但不可否认的是,当今中国大学实行的学位制还是直接来源于西方的高等教育体制,正如现今中国大学的教育模式也主要是仿照西方高等教育模式。虽然我们也可以说,中国有更古老的可以与之对应的高等教育模式。

根据《中华人民共和国学位条例》,本科生获得学士学位并不需要撰写学位论文。但是,一般来说,各高校都会要求本科生撰写毕业论文或者进行毕业设计,并称之为学士学位论文。国外多数大学也只有谋求获得荣誉学士学位的学生才需要撰写和提交学位论文。

但是,学位论文却是研究生获得相应硕士学位和博士学位的主要依据和必要条件。研究生,顾名思义就是要做研究。"研究生"一词的英文是graduate student,意指已经接受过本科教育或者获得过学士学位的学生,再接受更高层次的学历教育,本身并无研究之意。但是这种更高层次的学历教育与本科教育的最大区别就在于要做"研究",因此,才被我国意译为研究生。而做研究最终要呈现的就是学位论文了。本书所指学位论文主要是研究生的硕士学位论文或博士生的博士学位论文。当然,也适用于本科生的毕业论文(或称学士学位论文)。

某些国家的大学也有些硕士教育项目是课程型的,只要能修满规定的学分即可获得相应的学位,特别是那些社会需求量大的应用型、技能型专业。而且在国外,尤其是高等教育历史悠久且相对发达的国家,硕士学位只是过渡性学位,通常是无法获得博士候选人资格的学士们退而求其次的无奈选择。

新中国的学位制度经过40多年的发展,博士学位教育涉及的学科越来越广,基本涵盖了所有的学科门类,规模也越来越大,足以满足学术型教学和研究的需要。从学术的角度看,硕士学位也逐渐成了鸡肋,在某些领域沦为一个过渡性学位。同时也如国外一样,硕士学位逐步回归其应用型的定位,并因此获得独特的发展空间和长久的生命力。尤其是管理学门类的相关学科，由于实践性和应用性的特点，以及旺盛的社会需求，应用型硕士学位即专业硕士学位越来越成为商学院研究生教育的主体，主要类型包括工商管理硕士（Master of Business Administration，MBA）、高级工商管理硕士（Executive Master of Business Administration，EMBA）、工程管理硕士（Master of Engineering Management，MEM）、会计专业硕士（Master of Professional Accounting，MPAcc）、旅游管理硕士（Master of Tourism Administration，MTA）等。其中 MBA 教育更是我国专业硕士学位教育的先驱，已经有 30 年以上的历史。即便如此，作为研究生教育项目，无论是学术型还是应用型，都需要撰写学位论文并通过评审和答辩后，才能获得相应的学位。因此，撰写学位论文是研究生学习最为重要的任务，是获得相应学位的主要依据和标志。

中华人民共和国国家标准《学位论文编写规则》中对博士论文、硕士论文和学士论文的定义如下[1]。

"博士论文表明作者在本门学科上掌握了坚实宽广的基础理论和系统深入的专门知识，在科学和专门技术上做出了创造性的成果，并具有独立从事创新科学研究工作或独立承担专门技术开发工作的能力。"

"硕士论文表明作者在本门学科上掌握了坚实的基础理论和系统的专业知识，对所研究课题有新的见解，并具有从事科学研究工作或独立承担专门技术工作的能力。"

"学士论文表明作者较好地掌握了本门学科的基础理论、专门知识和基础技能，并具有从事科学研究工作和承担专门技术工作的初步能力。"

但是，人们不禁要问，研究生为什么要写学位论文？换言之，学位论文的目的究竟是什么？这个问题在不同的场合可能会看到不同的答案。

经常看到学位论文中把学位论文的目的表述得高大上，例如提出某个新理论或新方法、填补某个空白、发现某种新的机理或规律、提出某个系统的解决方案，最差也要为行业或企业的管理提供参考和借鉴，等等。这看上去似乎"政治正确",但并不靠谱,过于矫情,甚至有些自恋。

如果是在非正式场合下,一般人的直接反应就是为了要毕业,为了拿学位。

毕业和拿学位又是为了什么?这就涉及读研究生的目的了。很少有人是因为喜欢学术、喜欢做研究才读研究生,更多是为了找到更好的工作,有更好的职业,尤其对于硕士研究生而言。

确实,没有合格的学位论文,研究生是不可能毕业并获得相应学位的。因为根据《中华人民共和国学位条例》,通过论文答辩是获得硕士学位和博士学位的先决条件。这个论文就被称为学位论文。而获得学士学位并无通过论文答辩的要求。

问题来了,为什么硕士学位和博士学位的获得要以通过论文答辩为先决条件,而学士学位不需要?

因为硕士学位和博士学位是授予研究生的,而研究生顾名思义就是要做"研究",学位论文就是以规范的形式呈现研究的成果,以证明研究生具备了相关学位所要求的理论基础、学术水平、科研能力和应用能力。而拥有这样能力的研究生有价值,才能在职场中得到认可,获得更好的职位和晋升的机会。这也就是许多大学生对考研趋之若鹜的主要原因。对某些人来说,考研甚至成了"第二次高考",成为改变身份、重塑标签、改变命运的又一次机会。有些大学甚至被戏称为"考研大学",学生从大学入学开始就专攻几门考研必修课。这样培养出来的学生,可能会有很耀眼的标准化的考研成绩,但却很难具备研究生所要求的综合素质,以致推荐免试研究生(简称"推免生")大行其道,成为导师们的首选。这也确实更符合人才培养的规律和基本要求。

如前所述,"graduate student"原意是"本科毕业后继续进入大学学习的学生",本身并无"研究"之意。而研究生教育与本科教育最大的区别就在于要做"研究",因此才被意译为研究生。窃以为,此意其实并不确切,也似无必要,特别是对专业硕士学位而言。因为在大多数情况下,专业硕士学位研究生并没有受到严格系统的科学研究方法的训练,课程体系也基本没有提供相应的支撑,最终导致对学位论文标准和规范的各种模糊认知和困惑。

以学位论文证明研究生价值的前提或假设是,研究生经历了一个完整规范的研究过程和论文写作过程,这个过程能够使研究生受到系统严格的科学研究训练,使其综合素质、专业能力和学术素养得到全面提高。这对大多数人来说必然是一个艰难的过程,但也体现了其价值所在。

这样的假设和逻辑一定程度上也为学位论文的定位和标准提供了依据。学位论文不同于一般意义上的学术论文,这里所说的学术论文是在学术期刊和学术会议上发表的论文。这类论文的价值只在于其学术价值,而学位论文则是通过其表现出来的学术价值证明其受到了严格的学术训练,从而达到了一定的培养要求。表面上看都是学术价值,实质意义和评价标准却有所不同。

更进一步说,通过评审和答辩的学位论文并不一定能在学术期刊和学术会议上发表。相反,已经在学术期刊或学术会议上发表的论文常常成为学位论文的一部分,而且常常能得到更为直接、简洁的认可。发表一定数量和水平的期刊论文或会议论文甚至成为研究生尤其是博士研究生毕业并获得学位的必要条件之一。其蕴含之意就是,仅以学位论文的评审和答辩为标准还不足以证明研究生达到了相应的学术水平。当然这其中也会有其他功利性的目的,如导师和学校发表论文的压力等。这也成为博士研究生延期毕业的主要原因,近年来诟病者众,以致有些高校主动放松或放弃这一要求,但也仅限于那些对研究生培养质量和学校声誉有足够底气的顶尖大学。

如果说对博士研究生而言,以学术论文的标准衡量学位论文有其内在要求和必然逻辑，那么对硕士学位论文，尤其是专业硕士学位论文而言，还是要回归到研究生教育和培养的目的上。学位论文只是衡量研究生学术水平的手段而非目的，不可能也没有必要要求硕士学位论文尤其是专业硕士学位论文普遍达到学术论文发表的水平或者实际实施取得实际效果。只要能通过学位论文证明研究生经过了完整严格的研究过程和论文写作过程，完成了系统的学术训练，没有重大的缺陷和明显的错误，有一定的难度、深度、工作量和先进性，就达到了学位论文的标准。

但现实中我们通常看到的是，对学位论文只关注评审和答辩阶段而忽视过程或无法监控过程。在校研究生（主要是硕士研究生）在完成课程学习之后，常以实习为名长期脱离学校的学术和学习环境，没有经过选题、开题、中期报告，乃至定期组会的报告等规范的研究和训练过程，往往是直到论文提交的截止日期到来的最后一刻才抛出一篇不可能合格的学位论文。然后以各种主观和客观的理由，倒逼导师同意其提交论文并参加评审和答辩。而对于在职的专业学位研究生而言，课程学习期间本身就缺乏研究的训练，有的还是集中式的学习，其所有对研究和学位论文的认知基本只来源于导师个人有限的隔空指导，缺乏校园学术环境的充分熏陶。更多的甚至是来源于往届毕业研究生的学位论文，照猫画虎地模仿，甚至直接抄袭。我们经常会看到某些专业学位论文不恰当地大量引用相关学位论文作为参考文献，就是明显的例证。

如果说研究生学习的目的是为了更好地就业，那么为了更好地就业就应该提升自身价值，得到就业市场的认可；而提升自身价值的途径之一就是经过系统严格的训练，这就需要经历一定的研究工作来实现，研究工作的结果则要以学位论文的形式来体现，完成通过评审和答辩的学位论文的研究生才能获得相应的学位。这就是研究生为什么要写学位论文的原因所在。

研究成果的水平和学术价值只是附带的结果。对博士学位论文而言，作为最高学位，需要有创新性的学术成果是毋庸置疑的。要获得这样的结果必然要经历系统严格的训练过程。而对于过渡性的硕士学位论文尤其是专业硕士学位论文，只要能应用相关基础理论和方法，进行科学规范的研究，解释或者解决有一定理论意义或实践价值、能得到一定管理启示的管理问题，就达到了研究生培养的目标，也就能匹配和实现研究生学习的目的——获得就业市场的认可。

由此，就可以理解研究生为什么要以学位论文作为获得相应学位的主要依据和标志。这是因为，撰写学位论文的前提是要对某个有意义的学术问题进行系统的科学研究，在这个研究过程中（包括学位论文的撰写过程中）研究生能够受到全面、系统的学术训练，从而提升自身的素质和能力，提升自身的价值，进而得到职场的青睐，获得心仪的工作。毋庸讳言，绝大多数研究生对学术问题本身并无发自内心的兴趣，尤其是硕士研究生及专业学位研究生。绝大多数研究生学习的主要目的在于找到更好的工作或获得更多升迁的机会，就业市场之所以更青睐高学历的研究生，就在于研究生学位的价值，而这个价值主要来源于获得学位的过程是一个价值提升的过程。如此就可以理解现如今就业市场上所谓"学历高消费"的现象。高学历的本身隐含着高素质和高能力，而这个高素质和高能力的获得很大程度上就来源于学位论文的研究和写作过程的严格训练。由此也可以想见，学位论文达不到相应的标准，研究生培养的质量就无从谈起，学位的价值堪忧，就业市场也会失去对相应学位的认可，转而追逐更高的学位，直至博士学位。这大概也就是就业市场"学历高消费"的原因之一。

需要说明的是，专业硕士学位论文由于其应用性的特点和要求，除了传统意义上的以专题研究为导向的学位论文之外，还有一类案例研究型学位论文。例如 MBA 和 EMBA 的学位论文和 MEM 专业硕士学位论文，同时 MEM 专业硕士学位论文还有一类工程管理设计型学位论文。其中案例研究型学位论文依据的是案例研究方法，工程管理设计型学位论文则涉及产品、系统、设施、流程、方案的规划、设计及相应的活动，重点阐述设计背景、需求分析、设计依据、设计过程、验证与结论，与特定的行业和产品的技术密切相关。

本书所指的专业硕士学位论文主要是专题研究型的学位论文。

1.3 论文与学位论文

从论文的角度看，学术论文是表达研究过程和研究结果的载体，一般要经过同行评审并在适当的媒体或场合发表，如发表在学术期刊和学术会议上，因此称为期刊论文或会议论文，英文通常用 paper 或 article 表示，俗称小论文，以区别于篇幅较大的学位论文。学位论文在英文中一般称为 thesis 或 dissertation，其中 thesis 主要用于学士学位论文和硕士学位论文，而 dissertation 更多地用于博士学位论文。常常在中文学位论文的英文摘要中看到用 paper 和 article 指代本文，这是明显的用词不当，实质是定位错误，一定程度上也反映了研究生的学术素养。

学位论文与小论文（期刊论文或会议论文）的区别不仅在于论文发表的媒体或场合和篇幅的大小，更在于写作论文的目的。期刊论文和会议论文发表的目的在于学术交流。通过双盲同行评审正式发表的论文也表明论文在一定程度上得到了同行的认可，而对学位论文的认可也需要经过评审和答辩两个环节。一旦评审合格、答辩通过，论文作者就可以获得相应的学科（专业）的学位，也意味着相应学习生涯的完成。所以，很多大学的学位论文都会要求在学位论文的封面或扉页上写明"本学位论文是为了申请某某学位所提交的……"之类的一段话。由此可见，学位论文是以获得某种特定学位为目的的一种特殊文体，因此也没有必要在学位论文中强调其他各种不靠谱的高大上的目的，就如前述所列的各种误解和问题。

学位论文的上述特性决定了学位论文一般来说应该是问题导向的。这里的问题指的是从管理实践和文献中发现和识别的管理问题。科学研究都应该是针对问题的,这个问题可以是一个疑问(question),抑或是一个难题或者麻烦(problem)。前者需要经过科学研究(规范研究或者实证研究)进行合理的解释,此时具有理学的性质;后者需要应用相关理论和方法,提出系统和科学的解决方案,以破解难题或麻烦,此时就具有工学的性质。在此过程中,由于现有理论和方法的不足,不排除可能需要发展或者建立新的理论和方法,此时常呈现出面向方法的倾向,即所谓的方法导向。这里的方法主要是结构化的定性或定量分析方法、数理方法或信息技术,这是理工科常有的现象,而且被看作是理所当然甚至更为高大上,因为其更为困难,或者对相关管理问题解决有更大的贡献。尽管如此,作为管理学学位论文,强调问题导向,特别是管理问题导向是其必然的内在要求。这一理念甚至会影响到学位论文的表达逻辑。常常看到一篇动辄数万字甚至十几万字的学位论文,竟然找不到对问题的明确界定或描述,甚至写成了面向知识传播的教科书、工作报告、管理手册、操作指南。

1.4　著作与学位论文

从公开发表或出版物的角度看,著作一般有教材、编著和专著三种类型,其发表或出版的目的不同,有各自不同的表述逻辑和特定的结构。

教材依据的是一种教学逻辑,即根据教学规律和要求,和读者的特点,以易于接受的形式施教于人。就像课堂上的老师,通常会从基本概念出发,介绍相关理论和方法,然后举例说明加以应用,最后提出虚拟的问题让读者熟悉、理解或应用相关的理论和方法,或者要求学生就某个主题撰写课程报告。逻辑上是学习和现有知识的应用。

编著的主要目的是传播知识，即围绕某个学科、专业或主题，将已有的相关研究成果融为一体进行系统表述，起到知识综合和知识传播的作用。

教材和编著的共同特点是描述性地呈现现有的知识体系，在表述逻辑上是相同的，都是知识传播导向。

专著则是研究导向或者说是问题导向。一般来说，专著的主要目的是介绍著者原创的研究成果，因此都需要从问题出发，按照科学研究的逻辑，描述研究的过程，呈现研究的结果，给出研究的结论。从这个意义上看，学位论文尤其是博士学位论文其实就是一本专著。事实上，我们也常常看到一篇博士学位论文最终会以专著的形式出版，甚至都不需要做太多的修改和补充，只需加一个学位论文比较少见的序或前言。

表 1.1 对以上所提到的各类文体，从发布目的、发布形式、表述逻辑、原创性和篇幅等几个方面对其各自的特征进行比较。

表 1.1 各类文体特征比较

特征 文体	发表目的	发表形式	表述逻辑	原 创 性	篇　　幅
学位论文	申请学位	答辩通过后收入数据库	问题导向	研究生原创	硕士学位论文最低要求3万字。博士学位论文最低要求5万字。对最多字数一般无明确限制
学术论文	学术交流	正式出版	问题导向	作者原创	学术期刊或学术会议有各自的要求，中文期刊一般要求1万字左右
教材	教育教学	正式出版	教学导向 理论导向 方法导向	根据教学的规律和要求，现有知识体系的编写	一般无严格限制
编著	知识传播	正式出版	知识导向 理论导向 方法导向	现有知识体系的编写	一般无严格限制
专著	学术交流	正式出版	问题导向 知识导向	作者原创	一般无严格限制
报告/手册	工作指导	内部发布或正式出版	问题导向	作者编写	一般无严格限制

如表 1.1 所示，学位论文发表的目的是申请学位，发表的形式是答辩通过后收入数据库，其表述逻辑是问题导向的，由研究生本人原创。篇幅方面，硕士学位论文最低要求 3 万字，博士学位论文最低要求 5 万字。

学术论文发表的目的在于学术交流，需要正式出版，其表述逻辑也是问题导向的，由论文作者原创。学术期刊或学术会议对学术论文的篇幅有各自的要求。其中中文期刊一般要求 1 万字左右。

教材的目的在于教育教学，也需要正式出版，其表述逻辑主要是教学导向、理论导向或方法导向。教材主要由编写者根据教学的规律和要求，对现有知识体系进行编写。篇幅方面一般无严格限制。

编著的目的在于知识传播，需要正式出版，其表述逻辑是知识导向、理论导向或方法导向，是对现有知识体系的汇编，一般也无严格的字数方面的要求。

专著的目的在于学术交流，需要正式出版，其表述逻辑是问题导向或知识导向，而且为作者原创，一般也无严格的篇幅方面的限制。

报告或手册则是以工作指导为目的，由组织内部发布或正式出版，其表述逻辑也是问题导向的，由作者编写，一般也无严格的篇幅方面的限制。

1.5 本章小结

总而言之，学位论文是为了获得相应学位、以问题导向为原则进行学术研究过程和成果的表达，以此证明研究生具备了本学科或专业的相关基础理论、方法和应用能力，能够独立进行学术研究。更为重要的是，研究生撰写学位论文的过程中，能够受到全面的学术训练，在价值观、理念、知识、学习能力等各方面都得到系统的磨炼。结果重要，过程可能更重要。甚至可以说，学位论文的研究和写作过程是一个脱胎换骨的过程。这也正是学位论文的根本目的：表面上是获得学位的学术头衔，实质上是得到确实可靠的科学研究的训练，成为有独立研究能力的研究者。

学位论文的定位，很大程度上决定了学位论文的选题、表述逻辑和章节结构，有其特定的规范和要求，久而久之形成了类似于八股文的某种相对固定的格式和规范。当然这种八股似的规范不能脱离科学研究的规律或者范式。尽管如此，现实当中，我们见到的学位论文，从选题、结构到表述逻辑，可谓五花八门，有时还存在一些争议。其根本原因就在于没有共同的基本理念，没有清晰、准确的学位论文定位，或者没有把学位论文的上述定位贯穿于学位论文的写作、评审和答辩过程中。因此，学位论文的上述定位可以澄清在学位论文写作方面的一些误区、争议、失范，甚至明显的错误，包括可以称之为奇葩的各种问题，姑且称之为学位论文的八卦，以免对号入座，更希望有则改之，无则加勉，为后续有理有据地展开各章内容提供理念规范、技术规范和和表述逻辑等方面的共同基础。

第 2 章
学位论文的规范

2.1 导论
2.2 理念规范
2.3 技术规范
2.4 本章小结

2.1 导　　论

如第 1 章所述，学位论文定位于以获取相应学位为目的的、基于独立研究的学术成果，表述逻辑不同于教材、编著，而类似于专著或学术论文，与期刊论文或会议论文等学术论文在篇幅、发表形式等方面也有一定的区别和联系。如此定位决定了学位论文必须符合一定的学术规范。

学位论文的规范是用于调控和评价学位论文研究和写作的具有一定程度普适性的指示或标准。这种规范包括理念和技术两个层面，理念规范涉及学术道德和价值观，是学位论文无形的精神系统，技术规范涉及学术论文的表述逻辑、表达方式、组成要素乃至章节结构，是学位论文有形的物质系统。

学位论文的规范为学位论文的研究、写作确立了共识和标准，必须严格遵守，否则就属于学术失范，导致学位论文不合格，甚至可能是学术欺诈。即使侥幸通过评审和答辩，论文作者也获得了相应的学位，后续一旦被发现有相关的不规范行为，也将被剥夺所授予的相应学位。论文导师也会受到相应的处罚，暂停或者失去指导学位论文的资格。

近年来，媒体上暴露出来的学位论文失范现象不在少数，有的甚至引发强烈的社会反响。更重要的是，这些被媒体曝光出来的案例，都是已经通过答辩，在十分偶然的情况下被本不相关的社会大众发现的，并非经由正规、正常的学术渠道发现。这说明常规的学术渠道并不能有效地遏止不合格、不规范乃至严重抄袭的学位论文出现，甚至让这样的学位论文堂而皇之地通过评审和答辩程序。同时这些也很可能只是冰山一角，还会有相当高比例的学位论文存在类似的现象，更遑论其他因纯技术因素导致的不合格的学位论文。特别是一些得到广泛关注、影响巨大的社会公众人物，被发现有学位论文失范行为的，不但当事人的人设崩塌，更让人对相关学术授予单位的公信力和学术能力产生疑惑，极大地损害了学位论文的声誉和学位制度的权威性。

这些失范行为包括极为恶劣的一字不差的全文抄袭，甚至有同一个导师指导的不同届研究生之间的抄袭。社会上还存在代写论文的机构，提供代写论文的交易，而且利益巨大。此外，也有一些是非主观刻意，如由于学术素养不足，对学术规范的把握不到位、不准确，甚至无知，而在客观上导致的失范行为。因此，要强化学位论文的理念规范和技术规范的树立、传播和贯彻，从根本上杜绝学位论文的不规范乃至失范行为。

2.2 理念规范

理念规范涉及学术道德和学术价值观。如前所述，学位论文是研究生教育必不可少的重要一环，其目的在于通过学位论文的研究和写作过程，培养和训练研究生学术素养、研究能力和应用能力，从而达到培养高层次专业人才的目的。

从教育教学的角度看，研究生应在导师的指导下，按照科学研究的规律和程序，独立开展相关研究工作，把研究成果表达成学位论文的形式，并通过评审和答辩。这种评审和答辩其实就相当于课程考试，尽管有些国家的学位论文答辩具有一定象征性的仪式，并非严格的答辩和考试，但是在此之前也必定要经过严格的评审并得到认可。因此，任何形式的作弊，如代写、全文抄袭等行为都可以类比于课程考试的作弊行为，是严重的失范，理应受到相应的处罚。

从科学研究的角度看，学位论文是建立在科学研究的基础上，必须经历一定的研究过程。因此，学位论文的规范也要符合科学研究的范式，符合科学的逻辑和标准，至少对自然科学和社会科学学科而言是如此。管理学属于社会科学的范畴，其研究自然应该符合科学研究的范式、逻辑和标准。违反科学研究的范式、逻辑和标准，也属于学术失范，由此产生的学位论文也不可能得到学术上的认可。所以在研究生教育的课程体系中，对于学术型研究生教育项目，尤其是博士研究生教育项目，通常有"社会科学研究方法"等方法论的课程，以及各种具体的研究方法课程。

2.3 技术规范

技术规范涉及学位论文的表述逻辑，以及学位论文的内容、形式和结构，甚至还包括学位论文评审和答辩的标准和程序。理念规范为技术规范提供依据，技术规范应建立在理念规范的基础之上。

从技术层面上看，不同国家、不同学位授予机构（大学或研究机构）都会发布各自的学位论文规范。研究生应根据自己就读所在机构的要求编写学位论文。在我国，甚至还有学位论文的国家标准。中华人民共和国国家质量监督检验检疫总局和中国国家标准化管理委员会于2006年12月5日联合发布了国家标准《学位论文编写规则》，并于2007年5月1日实施。该标准属于推荐性国家标准而非强制性国家标准，"对学位论文的学位规范与质量保证具有一定的参考作用，不同学科的学位论文可参考本部分制定专业的学术规范"[1]。该标准由国务院学位委员会办公室提出，主要起草单位为国务院学位委员会办公室和中国科学技术信息研究所，因此是具有一定权威性的指导性文件，应尽可能遵照执行。

标准由6章和8个主要用于示例的附录组成。第1章给出了该标准适用的范围。第2章给出了该标准所涉及的其他国家标准，即其规范性引用文件。第3章给出了学位论文的相关术语和定义，包括学位论文、封面、题名页、摘要、摘要页、目次、注释、文献类型、文献载体等。第4章为一般要求，对学位论文所采用的文字、计量单位、规范化专业术语、图片和纸质等做出规定。标准的第5章对学位论文的组成部分给出了具体的要求。根据这项要求，学位论文一般包括前置部分、主体部分、参考文献表、附录和致谢五个组成部分。

前置部分包括封面、封二、题名页、英文题名页、勘误页、致谢、摘要页、序言或前言、目次页、图和附表清单、符号、标志、缩略词、首字母缩写、计量单位、术语等的注释表。其中封二、勘误页、序言或前言、图和附表清单、符号、标志、缩略词、首字母缩写、计量单位、术语等的注释表作为可选部分，可有可无。

学位论文的封面包括题名页的主要信息，如论文题名、论文作者的姓名等。

封二包括学位论文使用声明和版权声明及作者和导师签名等，其内容应符合著作权相关法律法规的规定。

题名页包括中图分类号、学校代码、国际分类、密级、学位授予单位、题名和副题名、责任者（研究生姓名、指导教师姓名和职称等）、申请学位（类别和级别）、学科专业、研究方向、论文提交日期和培养单位等。英文题名页是题名页的延伸，可单独成页。

致谢放置在摘要页之前，致谢对象包括：①资助研究工作的科学基金和奖学金合同单位，资助或支持的企业、组织或个人；②协助完成研究工作和提供其他便利条件的组织或个人；③对研究工作提供建议和帮助的人；④给予转载和引用权的资料、图片、文献、研究思想和设想的所有者；⑤其他应感谢的组织和个人。

摘要应具有独立性和自含性，即不阅读论文的全文也能获得必要的信息。摘要的内容应包括与论文等同量的主要信息，供读者确定有无必要阅读全文，也可供二次文献采用。一般应说明研究工作的目的、方法、结果和结论等，重点是结果和结论。中文摘要一般字数为 300～600 字，外文摘要实词为 300 个左右。

中文摘要下方还需要列出 3～5 个中文关键词，体现论文特色，具有语义性，英文摘要下方列出对应的英文关键词。

学位论文的序言或前言一般是作者对本篇论文基本特色的简介，如说明研究工作的缘起、背景、主旨、目的、意义、编写体例、以及资助、支持、协作经过等。相关内容，如背景、意义等，也可以在正文引言（绪论）中说明，因此并非必需，实际上也极其少见。

目次页即论文正文的目录。论文中的图表较多时，可分别列出清单置于目次页之后。图表清单包括序号、图表题和页码。

标准的主体部分首先对学位论文的结构提出了一般要求：学位论文的主体部分一般从引言（绪论）开始，以结论或讨论结束。引言（绪论）应包括论文的研究目的、流程和方法等，应对论文的研究领域做历史回顾、文献回溯和理论分析，以充分的文字独立成章。同时由于学科、选题、研究方法和结果表达方式等方面的不同，对引言（绪论）不做统一规定，但必须实事求是、客观真切、准备完备、合乎逻辑、层次分明、简练可读。

标准的主体部分同时对图、表、公式、引文标注、注释、结论、参考文献表、附录、结果部分、作者简历等其他相关内容进行了规范。

标准的第 6 章为学位论文的编排格式，涉及封面、目次页、章节、页码、参考文献表、附录、版面、书脊等技术性规范，并由后续的附录给出示例。

上述由国务院学位委员会办公室提出并起草的推荐性国家标准的《学位论文编写规则》理应作为管理学学位论文技术规范的基础，也应成为化解各类争议、包容不同范式的依据。由于此项标准发布的时间在 2006 年，囿于当时的共识和认知，难免有一定的局限性和不确定性。随着时代的变化，认知在进步，共识在加强和扩展。作为管理学的学位论文，更不能忽视管理学及其各分支学科的特点和要求。考虑到上述因素，基于多年来较为丰富的管理学学位论文写作、指导、评审和答辩的实践，笔者力图从学术探讨的角度，有理有据地提出有一定包容空间、可争议并力求达成进一步共识的技术规范。

首先，在表述逻辑方面，作为一种研究性质的成果表述，学位论文不能是知识传播逻辑或者教学逻辑。因此，从技术上看，第1章所提到的学位论文写作方面的各种争议就可以迎刃而解。例如，不能按知识传播逻辑把学位论文写成编著；不能按教学逻辑把学位论文写成教科书；甚至都不可以有"理论基础"之类的独立章节，因为作为面向专业评审专家的学位论文没有义务、也没有必要重复教科书或者其他已有知识，重要的是应用知识乃至创造新知识。从更为现实的角度看，不恰当地重现教科书的内容或者已有的知识，很可能过不了学位论文查重这一论文评审前的第一个关卡。因为学位论文查重的标准越来越高，可接受的重复率越来越低，通常在10%以下，甚至更低。如果排除了"理论基础"乃至教科书式的不规范"文献综述"，重复率一般都可以降到5%以下。事实上，学位论文查重的目的之一，除了震慑大规模抄袭等理念上的失范行为之外，也是要从技术上约束学位论文写作中不恰当的引用甚至"灌水"等不规范现象。

其次，作为问题导向为主的管理学学位论文，应该以相应的研究为基础，并以研究的逻辑进行表达。用通俗的语言说，就是要告诉读者，论文研究了什么？即研究的问题；为什么要研究？即研究意义和动机；怎么研究的？即研究内容、研究方法和研究过程；有什么结果？即研究结论、理论贡献和管理启示。

由此在形式、内容和结构方面，形成所谓学位论文的"八股"，按先后顺序包括以下12个部分：①题目；②原创性和著作权声明；③摘要和关键词；④目录；⑤导论；⑥文献综述；⑦本论；⑧结论；⑨参考文献；⑩附录；⑪在学期间相关研究成果；⑫致谢。

其中题目、导论、文献综述、本论和结论构成学位论文的正文，其他各个要素则构成学位论文必备的附属要件，也称为辅文。其中原创性和著作权声明、摘要和关键词、目录为前置辅文，参考文献、附录、在学期间相关研究成果和致谢为后置辅文。而原创性和著作权声明作为前置辅文则为制式要件，各学位授权单位都有自制的标准模板，必须直接引用。

正如第 1 章所言，学位论文本质上是一部学术专著，因此，学位论文的题目一般标识在封面的显著位置上。除此之外，封面还应该呈现研究生所在的学校（学位授权点）、学位等级（博士学位或硕士学位）、专业、年级、研究生姓名、指导教师姓名和职称、学位论文提交和答辩的日期、学位授予日期等信息。有的学位授权单位还对学位论文封面的颜色做出规定，以区分博士学位论文、硕士学位论文，乃至不同学科的学位论文，如理工医或人文社科等。

紧接着封面之后是原创性声明和著作权声明页。其中原创性声明表达学位论文的独创性，符合学术研究的规范，不存在学术不端行为，且愿意承担因学术不端行为所带来的后果甚至法律责任，并给出相关课题组或实验室资助的信息。原创性声明需要指导教师和学位论文作者共同签名。这就意味着研究生导师的责任包括：不仅在技术规范上给予具体的指导，还需要在理念规范上不断强化，并且要贯穿于学位论文的研究和写作的全过程，否则导师也无底气签上自己的大名。而且这种责任贯穿于导师的整个职业生涯，因为未来一旦发现学位论文有学术不规范乃至学术不端行为，导师都将承担相应的责任，直至被剥夺导师的资格，这在近些年处理的学位论文学术不端行为的案例中并不罕见。尤其是那些恶意抄袭的极端案例，如果导师稍微有些责任心，全程规范指导学位论文的写作，就不可能出现。

与此同时，学位论文作者通过著作权声明将学位论文授权学位授予机构（通常是所在高校）使用该论文，允许进入相关数据库供检索、借阅。

摘要和关键词可以独立于学位论文而存在，提供学位论文的基本信息并便于文献检索。

尽管国家标准《学位论文写作规则》有建议前言的内容，现有学位论文前言仍极为罕见，这也是学位论文与学术专著在结构上的主要区别之一。

目录是具有专著性质的学位论文的基本要件，便于整体上阅览、把握学位论文各章节的结构和内容。

学位论文的正文包括导论、本论和结论三大部分。导论和结论通常作为独立的一章分别成为学位论文的第一章和最后一章。而文献综述从表述逻辑上看通常可以看成是导论的一部分，尽管内容相对丰富的学术型学位论文文献综述常常独立于导论作为学位论文的第 2 章出现。本论是学位论文真正意义上的主体，根据研究问题、研究内容、研究方法的特点和要求，通常由多章构成。博士学位论文本论的每一章都可能是一个相对独立的子问题研究，通常按照一篇独立学术论文的章节结构进行安排，可能有自己的引言和结论。学术型硕士学位论文通常只需要研究一个问题，因此，本论的章节安排与研究方法的特殊要求相关。这些研究方法包括实证研究方法、案例研究方法、规范研究中的数理建模方法等，各种方法都符有合方法特点的表述逻辑。而以具体企业为研究对象的专业硕士学位论文的本论通常按照现状分析及问题识别、解决方案、方案实施及效果等的逻辑层次由 3 章构成。

参考文献是学位论文乃至其他学术论文技术规范的重要组成部分，有严格的标识方式，也有不同的体系，甚至有国家标准。一般而言，我国的学位论文采用的是国家颁布的标准《信息与文献　参考文献著录规则》（GB/T 7714—2015）。

附录提供不便于在学位论文正文中呈现的与学位论文的研究和内容相关的技术性文本资料、数据、图片等，为学位论文正文的有效性、可靠性提供技术支撑。同时可以提供研究生在学期间的相关研究成果。

在学期间相关研究成果一般包含两个部分的内容。其一是研究生在学期间发表的与学位论文相关的学术论文，尤其是博士研究生。多数院校对博士研究生有发表学术论文的要求，其中某些学术论文可能就是其学位论文的一部分。由此也可以从另一个角度为学位论文的水平提供支撑或佐证。因为已发表的学术论文一般都经过正常的双盲评审，很大程度上能够保证论文与发表期刊或会议有对应的学术水平。其二是研究生在学期间参与的科研项目，许多学位论文尤其博士学位论文的选题就是来源于某个科研项目，或者学位论文本身也成为某个科研项目的重要成果之一。此时，科研项目的层次和重要性一定程度上也表明了学位论文的价值。

致谢体现了研究生的教养，是唯一可以在内容和形式上相对自由发挥的文本要件，可以是简短的一句话，也可以是一篇感人肺腑的散文，可以在一定程度上体现学位论文作者的个性、文化底蕴和价值观。国外的学位论文的致谢通常在扉页上，通常也只有一句话。而国内学位论文的致谢通常置于整个学位论文的最后一部分，尽管国家标准《学位论文写作规则》也建议致谢置于前置部分的摘要页之前。且国内学位论文的致谢篇幅也不受限制，通常是一页甚至多页的独立短文。这也体现了国内外不同的文化传统。

2.4 本章小结

学位论文的规范是建立在学位论文定位基础上的标准，包括理念规范和技术规范两方面。理念规范是无形的，是学位论文学术价值的基础。技术规范为学位论文提供结构化的、可操作的有形规则。

学位论文规范的完整性和准确性很大程度上体现了学位论文作者的学术素养，更是学位论文定位的内在要求。后续章节将在学位论文理念规范的统领下，围绕着技术规范的要求，针对学位论文的正文和辅文逐项展开，讨论学位论文正文各章节和各个辅文的写作规范、表述逻辑，以及正文各章节和各个辅文之间的呼应和有机联系，为写作规范的学位论文提供建立在理念规范基础上的技术性指南，同时介绍与学位论文写作密切相关的学位论文评审和答辩过程，因为评审和答辩可能有反复，甚至可能是颠覆性的结果，需要对学位论文进行必要的修改和补充。这也正是本书之目的所在。

第 3 章

学位论文的选题

3.1　导论
3.2　学术型学位论文的选题
3.3　专业硕士学位论文的选题
3.4　本章小结

3.1 导　　论

根据学位论文的定位和规范，学位论文尤其是管理学学位论文的选题，总体来说应该是问题导向而非理论导向或方法导向。这个问题指的是管理问题，而非研究方法中的问题。当然，研究方法中也有问题值得探究，这属于方法论或技术问题，且更加困难，也可能更有学术价值或普遍意义。

一个有趣的现象是，从1999—2013年全国百篇优秀博士学位论文中，管理科学与工程学科有11篇，其中5篇博士学位论文是方法导向的，5篇博士学位论文是问题导向兼方法导向的，只有1篇是纯粹的问题导向的。这恰好反映了我国管理科学与工程学科领域的价值取向。大多数学者尤其是资深的早期学者大都是从数学、信息科学、控制科学等理工科转型过来的，具有学科交叉的特点，特长在于来源于理工科的数理方法和信息技术，方法导向的价值观根深蒂固，而管理科学与工程学科领域确实需要也确有可能在方法上有所创新，以解决所面对的日益复杂的管理问题。而在获奖的8篇工商管理学科的博士学位论文中，只有1篇是方法导向的，其余都是问题导向的，而且有7篇涉及财务会计领域，其中4篇涉及中国证券市场的行业管理问题而非企业管理问题。这也反映了工商管理领域的问题意识、价值取向和彼时学术界关注的热点问题。详情如表3.1所示[①]。

---

① 由国家教育部主办的全国优秀博士学位论文评选，从1999—2013年举办15次，共评选出1496篇优秀博士学位论文。由于每次评选出的获奖论文不得超过100篇，俗称全国百篇优秀博士学位论文，在教育界有极大的影响。特别是2014年停办之后，更加弥足珍贵。尽管此后各省市自治区和某些国家一级学会还有优秀博士学位论文的评选活动，但影响力和权威性远不及不再举办的全国百篇优秀博士学位论文评选。

表 3.1 管理科学与工程、工商管理全国优秀博士学位论文

序号	学科	获奖年份	作者	导师	论文题目	问题性质
1	管理科学与工程	2001	刘树林	邱菀华	多属性决策理论方法与应用研究	方法导向
2	管理科学与工程	2002	李仲飞	汪寿阳	投资组合优化与无套利分析	问题导向 方法导向
3	管理科学与工程	2004	刘善存	邱菀华	证券组合投资的风险决策模型及其应用研究	问题导向 方法导向
4	管理科学与工程	2005	周永务	杨善林	物流系统的库存控制模型与方法研究	问题导向 方法导向
5	管理科学与工程	2006	马卫民	徐寅峰	第三方物流配送优化问题及其竞争策略研究	问题导向 方法导向
6	管理科学与工程	2007	余乐安	汪寿阳	基于 TEI@I 方法论框架下外汇汇率与国际原油价格波动预测研究	问题导向 方法导向
7	管理科学与工程	2008	闫鹏	陈国青	关联规则属性值域扩展研究	方法导向
8	管理科学与工程	2010	吴俊杰	陈剑	考虑数据分布的 K-均值聚类研究	方法导向
9	管理科学与工程	2011	吴杰	梁樑	数据包络分析（DEA）的交叉效率研究——基于博弈理论的效率评估方法	方法导向
10	管理科学与工程	2011	江旭	李垣	医院间联盟中的知识获取与伙伴机会主义——信任与契约的交互作用研究	问题导向
11	管理科学与工程	2013	邢立宁	陈英武	演化学习型智能优化方法及其应用研究	方法导向
12	工商管理	2001	谢德仁	吴水澎	企业剩余索取权：分享安排与剩余计量	问题导向
13	工商管理	2003	赵宇龙	张为国	会计盈余与股价行为——对深沪股市的实证研究	问题导向
14	工商管理	2005	雷光勇	郭道扬	会计契约论	问题导向
15	工商管理	2007	曾庆生	陈信元	国家控股、超额雇员与公司价值——一项基于中国证券市场的实证研究	问题导向
16	工商管理	2008	许启发	张世英	基于时间序列矩属性的金融波动模型研究	方法导向

续表

序号	学科	获奖年份	作者	导师	论文题目	问题性质
17	工商管理	2009	许年行	吴世农	中国上市公司股权分置改革的理论与实证研究	问题导向
18	工商管理	2010	杨俊	张玉利	社会资本、创业机会与新企业初期绩效——基于关键要素互动过程视角的实证研究	问题导向
19	工商管理	2012	禄东	杨丹	政府控制视角下的国企治理与公司价值研究——基于国有上市公司的经验证据	问题导向

资料来源：中国学位与研究生教育信息网。

在问题导向的研究过程中，也可能发展出新的理论或方法，或对现有理论或方法有所贡献，这就是所谓的理论贡献。但更重要的，对于学术型学位论文甚至是必不可少的是管理启示。而对于专业硕士学位论文，谈不上理论贡献，管理启示也非必需，只需要能够应用现有的管理理论和方法，解决具体企业的具体管理问题，就达到了学位论文写作的目的。因此，无论是学术型还是应用型的管理学学位论文都应该体现问题导向、方法支撑的基本价值取向。

由于学术型学位论文和专业学位论文在培养目标、要求和标准上的差异，本章分别讨论其选题。

3.2 学术型学位论文的选题

学术型的学位论文，尤其是博士学位论文的选题主要来源于文献，即使是从管理实践中观察到的问题，也要从文献中发掘其学术价值和研究意义，进而才有可能在后续的研究中做出理论贡献，得到管理启示，也就是学位论文中常常自我标榜的所谓"创新点"。

学位论文的选题应该体现在学位论文的标题中。论文标题一般是描述型的，以名词性词组的形式出现，围绕或突出要研究的管理问题，采用的理论、方法或视角。一个典型的学位论文题目应该简洁地描述论文所研究的管理问题，而非理论或方法，除非是理论或方法导向的，此种情况较为少见，风险也较大。当然理论、方法甚至视角作为重要的元素也应该尽可能地反映在论文的标题中，通常是作为形容词修饰中心词而构成一个名词性的词组。而理论、方法、视角这几个要素恰恰也成为学位论文的关键词。

一般来说，中心词通常有以下两种情况。

第一种是以"研究"为中心词。此时，理论、方法、视角和问题依次作为形容词修饰"研究"，而理论、方法和视角也常常以副标题的形式出现。常见的模式为"基于××理论（方法、视角）的××问题研究：××理论（方法、视角）"，以体现问题导向、理论或方法支撑、视角独特的学位论文选题原则。

然而，也有一种观点认为，学位论文题目中的"研究"二字属多此一举，不应该出现。特别是学位论文通常要求有对应的英文标题，而英文标题习惯上较少用研究作为中心词，如果直译或硬翻，就常常要用 study 或 research 来对应"研究"，给人以中式英文的感觉。此时也可以采用意译，即省略"研究"二字。如果要保证严格的中英文一致性，则可以采用以下第二种方式。

第二种是以问题为中心词。此时，突出的是问题，理论、方法或视角则可以作为副标题。常见模式为："××问题：××理论、方法或视角"。

作为学术型学位论文特别是博士学位论文，由于单一问题或单一视角不足以构成论文的分量或显示论文选题的学术价值，常常还会出现多个问题或多个视角，此时由于字数所限，可能只需要多个反映问题的名词并列，或者单一或多个问题，单一或多个理论、方法或视角作为副标题。

除了名词性词组作为描述型的标题之外，一般不建议以结果或结论性的声明型句子作为标题。因为结果或结论通常是需要进行系统的研究才能得出的，这种表达模式通常应用于报告和新闻报道，突出结果或结论以引起重视。如果一定要突出结果或结论以引起重视，可以采用问句的形式，即所谓提问型的标题，给出不确定的结果或结论，这种标题常常用于采用实证研究方法的学位论文中，用于回答或解释某些现象。具体示例如表 3.2 所示。

表 3.2 学位论文的选题

中心词		学位论文题目示例
研究		(1) 开放式创新社区的创意管理研究 (2) 基于公平贸易市场的农产品可持续发展研究 (3) 基于用户生成内容的群体智慧研究 (4) 在线评论跟风效应的特征及其影响研究 (5) 基于超网络的商业模式创新的创意汇聚研究：数据驱动的视角
问题	单一主题	(1) 基于综合集成研讨体系的商务模式创新方案设计 (2) 基于系统动力学的商业模式创新价值评估 (3) 企业信息技术投资对企业绩效的影响 (4) 基于顾客体验的服务企业定价策略 (5) 数据驱动的产品研发转型
	多主题	(1) 机构投资者、薪酬激励和企业创新投资 (2) 腐败治理、资源配置与企业绩效 (3) 分布式创新的价值形成和利益分配 (4) 资金约束的供应链决策：税收政策和采购策略 (5) 危机意识与企业动态能力：知识惯性的视角
	疑问句	(1) 信息披露监管能提高资本市场定价效率吗？ (2) 共享单车能改善城市空气污染状况吗？ (3) 企业的慈善捐赠有价值效应吗？ (4) 科创板注册制改革能否提升 IPO 定价效率？ (5) 自主创新能改善企业绩效吗？

相对而言，学术型研究生特别是博士生受到更为系统、严格的学术训练，其选题的深度和角度更为专业、粒度更为精细，广度更为宽泛，一般能得到更为专业、到位的指导，出现问题或偏差的可能性不大。即便是方法导向，也必然有其特定的理由和价值，而且也常常是某些学科或研究方向的特殊价值所在，如模型求解和算法等问题。此处不予展开，以下重点讨论专业硕士学位论文的选题。

3.3 专业硕士学位论文的选题

如前所述，管理学专业硕士学位包括 MBA、EMBA、MEM、MPAcc、MTA 等应用型硕士学位。据称，专业硕士学位的招生数已超过学术型硕士研究生的招生数，未来将占我国硕士研究生招生数的三分之二以上，而管理类专业硕士学位研究生更是商学院研究生的主体。国内一些顶尖高校的商学院甚至取消了学术型硕士学位项目。

专业硕士学位的特质在于"应用"而非"学术"，尤其是管理类专业硕士学位。但是这种认识并非一开始就得到普遍明确的共识并落实到教育教学的实践中。很多专业学位项目还是有意无意地仿照和延续了学术型硕士学位的培养理念，包括课程和学位论文。或者只是简单地认为对专业硕士学位的要求可以低于对学术型硕士学位的要求。除了课程设计之外，一个明显的例证就表现在学位论文的选题上。

商学院管理学专业硕士学位的学生大都要求有三年以上的相关专业工作经历，少数允许应届本科毕业生报考的专业在培养方案中也有半年以上的相关专业实习的要求，其目的就是为学位论文的选题提供实践背景和研究对象。当然学生更多是把实习当成找工作的机会，其实这两者并不矛盾，尽管被忽略的往往是从实习实践中寻找论文选题。因此，作为商学院的管理类专业学位论文首先应该体现其应用型的特点，其选题应该来源于具体企业的具体管理问题，并体现在论文的题目中。典型的题目就是"××公司的××问题研究"，或者进一步在题目中体现所采用的方法或所依据的理论。这样的选题既有真实的实践背景，又来源于真实企业的管理问题，还有相关理论或方法的支持，可以说每一项研究都是独特的，都是管理的独特实践。事实上，管理学作为社会科学不同于自然科学，教科书里现有的理论甚至方法在各自不同情景的管理实践中未必能得到最佳实践。只要能够针对具体情景的管理问题，应用相关的管理理论和方法，提出系统的、有针对性的解决方案，描述方案的实施过程，分析方案的实施效果，进而得出一定的管理启示，就达到了应用型学位论文的目的。

但实际情况是，很多专业学位论文在选题上出现偏差。有的选题没有任何具体企业的背景，不是来源于真实的企业，而仅仅是来源于文献中的抽象问题，变成了学术型的硕士学位论文。严格意义上讲，这种选题不符合专业学位项目的培养目标，专业学位培养方案的相关课程和培养过程也不能支持这种学术研究的要求，因此，其结果往往差强人意。当然也不排除个别能达到学术性的要求，甚至有的就是来源于导师的要求。出于各种原因和需要，有些导师就是把应用型专业硕士学位学生当作学术型研究生培养，尤其是那种全日制的专业硕士学位项目。或者有的导师自己也有意无意地忽视专业学位与学术学位的不同要求。

也有的选题属于一类学术问题或者行业问题，甚至是宏观问题，然后加一个副标题"以××企业为例"，并声称应用了案例研究方法进行研究。而事实上，这个所谓的"例"，其实应该是问题本身。因为从一般意义上讲，作为一个应用型的硕士学位论文，要研究一类学术问题或者行业问题甚至宏观问题，几乎不太可能，因为其培养方案和过程不支持，培养的目标也不在此。

相对而言，一个具体企业的具体问题更合适，因为其情景的独特性使得对论文的评价要有针对性，而不一定要有普遍意义。即使对这个具体企业具体问题的研究，颠覆了传统或者主流的管理理论和方法，只要能有事实和逻辑依据表达出来，也是可以接受的，甚至更有价值。反之，教科书式地罗列甚至抄袭现有的理论和方法，最多是应用到某个具体的行业中，再以某个企业为例加以应用或者阐释，这不是学术研究的逻辑，而是知识传播的教学逻辑。即使是教学，这种自上而下的大而全的逻辑也未必是商学院的主流教学逻辑。而且这种表述逻辑在评审和答辩的过程中简直就是一种自虐甚至自杀行为。因为当论及一类学术问题或者行业问题甚至宏观问题，涉及主流的管理理论和方法，任何一位评审或者答辩委员都能更有学术底蕴地提出无数让你哑口无言甚至陷入自相矛盾境地的颠覆性问题，而恰恰是具体企业的具体管理问题，由于其情景的独特性和实际的实践效果，反而是这些满腹经纶的专家学者需要慎重质疑的。从实践的意义上讲，此时作为论文作者的你是真正意义上的专家，你的问题你做主，你说了算。因为你比所谓的专家学者更了解实际情景。这不仅仅符合应用型学位论文的要求，也堪称论文选题的"技巧"，以己之长攻其之短，何乐而不为？

还有的选题冠以"××理论（方法）在××企业中的应用研究"。此类题目就是方法导向而非问题导向，或者更多的是一种学习的视角，把自己从课程中学到的主流理论或方法应用到具体的管理实践中，更像是个课程报告。这样的逻辑其实也不是一种研究的逻辑。现实问题除了情景不同，更是复杂的，有时候需要多个理论或方法有针对性地解决不同的问题，即所谓处理复杂问题的综合集成。即使是单一的理论或方法的应用，重点也在于管理问题本身，即所谓的问题导向。方法导向并非不可，而是不能，因为作为应用型的硕士研究生不太可能在管理的理论和方法上有所突破，更不是应用型硕士学位项目培养的主流目标。

典型的专业硕士学位论文的标题列举如下。

（1）J 电商企业生鲜供应商评价与优化研究

（2）基于用户画像的 M 公司营销策略研究

（3）L 公司非生产性物料采购流程优化研究

（4）X 银行电子银行系统建设项目的进度管理研究

（5）A 公司 3D 打印车间建设的进度管理研究

[示例 3.1]

某全日制专业硕士学位研究生在一家从事网络零售的电子商务企业实习时发现，该企业对生鲜供应商的管理较为粗放，主要凭经验，缺乏系统、科学、有效的评价体系和方法，导致无法对供应商的绩效进行准确的考核，不能有理有据地对供应商进行有效的奖惩，从而起到激励供应商的作用，达成供应商管理的目标。因此，希望以此为问题作为其硕士学位论文的选题，将学位论文的题目定为"某电商企业生鲜供应商评价研究"，旨在为某电商企业建立一套系统、科学的生鲜供应商评价指标体系，据此对现有供应商的各项指标进行定性定量相结合的测评，在此基础上给出各供应商的排序，同时根据各供应商各项指标的优劣，给出各供应商改进或优化的方向。

表面上看，这样的选题和目的似乎有一定的理论意义和实践意义，有具体的企业背景，也符合学位论文的表述逻辑。但问题在于以"供应商评价"为题到底是问题导向还是方法导向？换言之，"供应商评价"究竟是问题还是方法？

要理解这个问题，我们假设该研究生在实习过程中，向电商企业的主管提出，要为该电商企业设计一套系统、科学的供应商评价体系和方法。此时，主管一定会追问：为什么要设计供应商评价体系和方法，供应商评价的目的是什么？要解决企业的什么问题？研究生就会进一步回答，这个供应商评价方法能够帮助企业对现有供应商进行科学的评价和排序，企业可以据此对供应商进行奖惩，以达到激励供应商的目的，同时分析供应商在各个方面的不同表现，为供应商提供改进或优化的建议。由此可见，这里要解决的管理问题是"供应商管理"中存在的问题，而"供应商评价"只是解决"供应商管理"这一管理问题的方法或手段。

因此，研究生应该首先向主管说明企业的供应商管理存在的各种问题，包括到货及时率不足、部分货品长期滞销、到货差错率较高、服务质量不高等具体问题。这些问题可以通过建立系统、科学的供应商评价体系和方法进行分析、评价和排序，并以此为依据对供应商进行奖惩，以达到激励供应商的目的。同时还可以根据供应商各项指标的表现，给出供应商改进或优化的建议。这样的表述逻辑更符合企业管理的实际需要，也是企业主管所关心的，也就是问题导向的。因此，应该把学位论文的选题定为"某电商企业生鲜供应商管理的改进研究"，以突出应用型专业学位论文的问题导向原则。

由此看来，问题导向的原则并非凭空而来的无理要求，而是更符合企业管理实践逻辑的合理要求。而方法导向更符合方法学习的教学逻辑。研究生在学期间，通常会有一些方法类的课程，其教学逻辑就是通过理论假设、数理推导、应用举例进行教学，然后辅以作业和考试验证学习的效果。这就是所谓的以教学为目的和逻辑的方法导向。而事实上，作为管理学科，目的不是方法的学习本身，而是为了解决具体的管理问题。管理问题只能从具体的管理实践中提炼，在学位论文中体现。

当然，方法导向也并非绝对不可，但前提是要在方法上有重要的改进甚至突破，而不只是现有方法的应用或综合应用。但是要做到这一点并非易事，非应用型的专业学位研究生力所能及。因为其培养目标并不在此，也没有相应的课程支撑。执意而为，则可能导致在学位论文的评审和答辩阶段出现问题。

事实上，就本例子的具体问题而言，供应商评价本质上是个数理方法问题，而非管理问题，只是在管理中常常需要应用的方法或手段。如果确实在供应商评价的数理方法上有所改进或贡献，需要突出供应商评价的方法，也可以在学位论文的题目中综合体现，但还是不能因此而忽略了管理问题。

例如，题目可以是"某电商企业生鲜供应商的评价与优化研究"，或者"基于灰色关联评价模型的某电商企业生鲜供应商评价与优化研究"。既体现问题导向，也突出方法的支撑。其中问题导向必不可少。

3.4 本章小结

作为学术研究结果的学位论文总体上应该体现问题导向、理论或方法支撑的价值取向。学术型学位论文，尤其是博士学位论文在突出问题导向基本原则的同时，也看重理论贡献和方法支撑。其中，管理科学与工程学科由于其学科特点更看重方法支撑，有时甚至有方法导向的倾向。而工商管理学科在理论贡献方面也有其特定的价值取向。

学位论文的选题集中体现在学位论文的题目中。学位论文的题目应该突出问题及其采用的理论、方法或视角。专业硕士学位论文由于其应用型的特点，学位论文的题目应明确具体的应用场景（企业）及其问题，而不能仅仅是抽象的、普适的问题。

第 4 章
学位论文的导论

4.1 导论
4.2 研究问题及其意义
4.3 研究现状或文献综述
4.4 研究内容
4.5 研究方法和技术路线
4.6 论文结构
4.7 本章小结

4.1 导　　论

作为学位论文"八股"中的一部分的第 1 章通常称为导论、导言、引论、引言、绪论或绪言，因为作为中文，这些名词的词义基本相同，即作为学位论文的引导部分，介绍学位论文的选题及其意义、研究内容、研究方法、研究过程和章节结构。本书采用导论这个词，而对应的英文只有一个词，就是 introduction。

导论不是序言或者前言（preface）。序言或前言也简称为序，作为专著、教材或编著的序言或前言一般作为辅文刊于正文之前，即写在正文前面的话。用于说明著述的意图、著述的过程、著作的基本内容，并介绍著作者等，无论形式和内容都较正文更为灵活、随性。一般由著作者自撰，也可以由他人撰写，以旁观者的角度推介著作。有时甚至可以有多个序言或前言。序言或前言不是必需的，这可能也是作为辅文的序言或前言与作为正文的导论的最大区别。如前所述，而学位论文通常没有序言或前言，尽管作为推荐性国家标准的《学位论文写作规则》中也有关于序言（前言）的规定[1]。

学位论文的导论是学位论文正文的重要组成部分，几乎所有的学位论文都会有这一章。尽管如此，常见的表述要素、逻辑和顺序却是五花八门，似无一定之规。构成第 1 章的各节标题常见的有研究背景、研究问题、研究意义、研究目的、研究目标、研究动机、研究现状、研究内容、研究方法、研究思路、研究框架、技术路线、论文结构、文献综述，甚至研究创新，等等。而且出现的顺序各异，还有各种组合，没有明确的界定和界限，表达的实际内容也不一，逻辑不明，层次不清，甚至文题不符、张冠李戴，等等。

根据学位论文问题导向的原则，通俗地说，作为正文第一部分的导论就是要告诉读者学位论文研究的问题是什么（研究问题）、为什么要研究（研究意义或动机）、怎么研究（研究内容和研究方法），以及论文的章节结构。由此就可以层次分明、逻辑清晰地明确学位论文导论的结构，即导论所包含的要素及其表述的逻辑和顺序，形成一定之规。

按照这样的要求和逻辑，以及学术型研究生和专业硕士学位研究生培养的不同目标和要求，就可以构造学术型和应用型等两种类型的导论结构，如表 4.1 所示。

表 4.1　学位论文导论的章节结构

论 文 类 型	导论的章节结构
学术型	第 1 章　导论 1.1　研究问题及其意义 1.2　研究内容和方法 1.3　论文结构
应用型	第 1 章　导论 1.1　研究问题及其意义 1.2　研究现状 1.3　研究内容和方法 1.4　论文结构

无论是学术型还是应用型，根据学位论文问题导向的原则，第 1 章的第 1 节就应该是"研究问题及意义"，即介绍问题的背景、明确提出具体的研究问题及其研究意义。但实际情况是，绝大多数学位论文的第 1 章第 1 节都习惯于"研究背景及意义"这样的写法，且遍查全文，找不到问题所在。有时可能会在这个标题之下或正文的最后提出具体问题。但问题在于，学位论文是问题导向的，人们关心的是你研究了什么问题，所以更应该在标题上突出问题而不是背景。背景只是辅助性的，过渡性的，没有必要在节的标题上突出。否则可能使真正的主题消失或隐藏在背景之中，使读者不得要领。况且，相对而言，问题才有研究意义，背景有何意义？背景的意义就在于为问题提供铺垫。没有明确的问题，论文后续所有的表述

都会出"问题"。因为接下来第 2 节的研究内容和研究方法都是要针对问题的。

所谓研究内容，是回答、理解或者解释问题所需的具体研究工作，即应用相关理论和方法对问题的成因、相关因素进行系统的分析，探索并发现相关机制或规律；或者解决问题所需的具体研究工作，即应用相关理论和方法对问题的成因、相关因素进行系统的分析，提出相应的解决方案，实施方案并进行实施效果的分析。许多学位论文把论文的章节结构作为研究内容，这就混淆了研究和论文之间的关系。论文是对研究过程和结果的表述，论文结构通常是第 1 章最后一节需要介绍的学位论文的具体章节安排，便于读者从整体上把握学位论文的概貌。

之所以把研究内容和研究方法放在一节里讨论，是因为研究内容和研究方法之间有必然的联系。研究工作所采用的任何方法都是要针对研究内容的，不能凭空提出。不同的研究内容需要不同的研究方法来完成。根据若干个研究内容之间的逻辑联系，采用不同的研究方法按照一定的因果关系或逻辑顺序进行研究，就形成了研究过程或者技术路线。而常常有人画出学位论文的章节结构图并将其称为学位论文的技术路线图。从语义上看，学位论文是没有技术路线的，只有章节结构，研究本身才有技术路线。学位论文是在研究工作完成的基础上，把研究的过程和结果按照一定规范的形式表述出来，形成所谓的论文的八股。这种八股反映了学位论文的表达需要和逻辑。

对于应用型的专业硕士学位论文，第 1 章还常常出现"研究现状""文献综述"或"理论综述"一节。因为应用型的专业学位论文对文献综述的要求不高，甚至可以完全不做要求，其篇幅也往往不足以支撑独立的一章，但是也需要从文献或者实践的角度对与问题相关的研究现状做一综述。此时在第 1 节的研究问题及意义之后的第 2 节介绍研究现状（或称文献综述）也是合理的。但是，作为学术型的学位论文，尤其是博士学位论文，一个相对完整的文献综述作为第 2 章的内容几乎是不可避免的。关于文献综述的写法是一个更为复杂的专业问题，需要专门讨论。但是把文献综述写成教科书却是个常见的有争议的问题，甚至换个"理论基础"或"理论综述"的名堂，堂而皇之地独占一节甚至一章，以显示作者的理论根基和专业素养。而实际上，一个好的文献综述才有可能能突显作者的理论根基和专业素养。作为问题导向而不是知识传播导向的研究论文，没有必要甚至不允许机械地罗列教科书和已有的理论和方法。随着学位论文查重要求越来越高，这种表述方式的风险也会越来越大。也许到一定时候，这种教科书式的写作惯性就会自然消失，而再无争议。

在讨论研究现状或文献综述时，常常看到分别按国内外的情况进行讨论。如此既无必要，也不符合学术发展的脉络和逻辑，除非是做严格意义上的国内外比较研究。这种习惯大概是沿用了改革开放初期甚至更早时期的一种模式。因为那个时期国内外学术差距巨大，大多数研究属于跟踪式的，能及时跟踪或把握国外研究的现状就已经是重要的成果。或者需要对比国外的研究，说明自身研究的依据，以及相对于国内研究的先进性，等等。在科技评奖中，也常常看到"达到国际先进水平"或者"达到国内领先水平"这样的表述来衡量不同等级奖励成果的先进性和价值。大概也是建立在这种假设甚至价值观的基础之上。对于奖励等级的划分也许有其合理之处，但是作为学术研究，人为地划分为国内外两种情况就无逻辑可言，更无必要。

第 1 章有时还会出现"研究创新"或"论文的创新点"一节。首先这个"创新"不是 innovation，而是 contribution，即学术贡献。innovation 其实是个经济学的术语，原指通过生产要素的新组合实现新的生产方式。从国内研究生教育发展的现状看，对硕士学位论文而言，创新不再是必需的。因为从学术的角度看，硕士学位已经逐渐成为一个过渡性的学位，更多地向应用型倾斜。创新似无必要，也不大可能，突出创新往往遭到严格的质疑。而博士学位论文的创新或学术贡献则是必需的。即便如此，从表述的逻辑上看，把创新放在最后一章的结论部分似乎更为合理一些。因为一开始就谈创新点，有些突兀，至少读者暂时无法理解。当然，如果学位论文确实有重大的原创性工作，在导论中加以突出也非不可，但毕竟还是极少数现象。

有时还常见第 1 章出现"研究目的"或"研究目标"一节，这种说法更常见或更适合于研究课题的立项申请，相对来说需要更为明确的、可度量的功利性的结果。常常表述为"为企业存在的问题提供解决方案""为行业相关企业提供借鉴""为政府决策提供政策性建议"，等等。这些其实都不是学位论文的目的所在，不符合学位论文的定位，因为学位论文的直接目的是为了申请学位。即使从理论和应用的角度看，其所表达的意图也常常与研究意义或研究动机交叉，含混不清，难以明确区分。因此，相关意图可以更为准确地表达在研究意义或研究动机之中，没有必要出现"研究目的"或"研究目标"一节或对应的内容。或者说研究目的和研究目标就体现为研究意义或研究动机。

论文的章节结构作为一节可以图文并茂地展现论文的结构，便于直观地从整体上把握学位论文各章节的内容。

本章余下各节分别就如表 4.1 所示的第 1 章导论的各节内容进行讨论，并给出对应的示例。

4.2 研究问题及其意义

4.2.1 研究问题

一般而言，研究生教育包括课程学习和学位论文两个阶段，其中真正体现研究生教育区别于本科生教育的特点和要求的是学位论文阶段。因为学位论文的基础是做研究，而研究就应该是问题导向的。尽管研究生的课程学习也或多或少地强调问题导向，但是那些问题都是教师和教科书提出来的现有问题，学生学习的任务主要是理解问题并学习如何解决问题。但是在学位论文阶段，问题是要由研究生自己提出来，并证明这样的问题是有意义的，适合学术研究，然后再给出问题的答案。这就是课程学习和建立在研究基础上的学位论文的最大区别。即要自己定义问题，并给出解决问题之后所得出的结论。

问题的重要性还体现在对学位论文的评判标准，即判断学位论文是否合格的标准是学位论文提出问题是否得到了圆满的解决，也就是问题和结论之间能够相互吻合。答非所问或者结论不完整、不准确，学位论文就无法得到认可。常常看到的情形是，学位论文没有清晰地提出一个明确的问题，论文的结论也就无从落实；或者有明确的问题，但是结论却与问题无法匹配或毫不相关。有时是因为问题过于宽泛，而结论过于具体，有时可能是因为问题十分具体，而结论却过于笼统。

因此，按照学位论文问题导向的原则，学位论文应该开宗明义地提出有意义的问题。在提出问题之前，当然应该介绍研究背景或问题背景。研究背景的重要性不言而喻，但是也不应该喧宾夺主地占据研究问题的位置，成为第 1 节的标题。

一般来说，研究背景可以以时间、地域、学科或专业领域为线索，从宏观到微观，从一般到具体，从面到点、由表及里地阐述重大社会需求、国际需求、国家需求、区域需求、行业需求、企业需求、学科需求或专业需求，并据此提出具体的研究问题，包括需要解释的疑问或者亟须解决的难题，同时为问题的重要性埋下伏笔，为后续的研究意义或研究动机提供依据。

以下分别按照博士学位论文和专业硕士学位论文的特点和要求，各举一例，并加以分析。

特别需要说明的是，本书的各个示例都来源于本书作者指导的博士研究生和硕士研究生的学位论文。由于篇幅和目的所限，做适当的取舍和修订，并删除原文中的参考文献引用标注。

［示例4.1］ 博士学位论文《开放式创新社区的创意管理研究》的研究问题[3]

从经济发展的宏观层面看，创新对于经济增长乃至发展的重要性愈发凸显，并得到政界、学界和实业界的高度重视。在企业管理微观层面，创新是企业生存和发展的核心能力之一，企业以市场为导向、以盈利为目的，创新是市场竞争的客观需要和必然选择。大量的理论和实证研究表明，创新在企业获得市场份额、适应不断变化的市场与技术环境中扮演了重要的角色。

一般而言，企业的创新过程可分为需求分析、创意开发、实体开发和市场开发4个阶段。其中创意是产品创新的灵魂，富有创造性，也最有价值，能够为企业提供用户所需的新产品、服务和流程构建基石，促使创新产品的成功转化。然而，在产品创新过程中一个关键性但却被长期忽视的问题就是：在创意开发阶段，企业管理者并未对创意管理引起足够重视，导致大量有价值的创意流失，难以真正指导企业的实践活动。

传统意义上，用于企业创新的创意渠道主要是公司内部的正式组织。随着企业的研发周期逐渐缩短，产品更新换代速度日益加快，传统的封闭式创新难以适应现实需求，在此背景下，开放式创新（open innovation, OI）的概念应运而生。Chesbrough（2003）将其定义为从获取创意到研发产品、再到商业化的创新全过程中，企业通过内外互补的资源提升资源配置效率。外部用户提供的多元化知识和信息有利于企业节省探索用户需求的成本，更早、更快地确定未来需求的变化趋势、产品的研发方向和新的细分市场，在新产品开发活动中占有先机；不断提升产品质量；更好地解决现有问题；获取更多突破性创新。

根据第48次《中国互联网络发展状况统计报告》，截至2021年6月，我国网民和手机网民规模分别达到10.11亿人、10.07亿人，互联网普及率高达71.6%。从图4.1可以看出互联网用户逐年持续增长，网民规模从2010年的4.5亿人增加到2020年的9.9亿人，手机网民规模由3.0亿人增加到超过9亿人，正逐步逼近网民总数，互联网普及率由34.3%逐年递增至70.4%。

图4.1　近10年来我国网民规模与互联网普及率

资料来源：中国互联网信息中心，第48次《中国互联网络发展状况统计报告》，2021年8月。

得益于信息科技的快速更新和互联网的全面普及，网络用户所扮演的角色也在发生变化，他们不仅是网络资源的使用者、消费者，单方面的搜索信息，同时也作为制造者甚至管理者来提供信息。用户生成内容（user generated content，UGC）的不断涌现大大降低了企业寻求外部知识的成本，有利于吸引外部用户参与到内部创新中，体现了企业利用群体智慧开展创新的新趋势。基于互联网的开放式创新融合了信息技术与开放式创新思维，使得创新不受时间、空间、身份、组织边界的限制，推动了分布在世界各地的智力资本与创新需求的有效对接。客户、伙伴、供应商等利益相关者均有可能成为创意来源，来源载体包括互联网、移动互联网上的各类网站、社交媒体、自媒体上的信息等。在此背景下，如何高效地捕捉、整合、利用外部资源和外部渠道，获取和整合创意成为企业所面临的新问题。

为了充分利用外部知识和智力资源，提高创新能力，保持竞争优势，越来越多的企业开始创建基于互联网的创新平台，如星巴克的 My Starbucks Idea、乐高的 LEGO IDEAS、海尔的"众创意"、华为的"花粉俱乐部"等，这类能够用于搜集外部用户的建议和想法，推动企业开展创新活动的平台被称为开放式创新社区（open innovation community, OIC）。OIC 的建立为用户营造了一种在线社交环境，所有用户都可以分享他们的专业和知识，通过评论现有产品和服务、提供新的创意、与其他用户交流等方式为企业创造价值。利用互联网平台收集创意，企业不仅可以扩大获取创意源的范围，有效避免在创新活动中受到之前创意和产品的限制，同时也可以提升创新成果被接受的程度。

根据 Cooper 的阶段－门（stage-gate）理论，同时参考现有研究对创意管理阶段的划分，本文视企业在 OIC 情境下的创意管理工作为一个完整的创新项目，并将该流程细分为三个不同阶段：创意收集、创意互动和创意筛选。在整个流程中，企业的创意管理面临两个重要的问题：大数据特性和难以产生成功的结果。具体体现在以下几方面。首先，互联网技术为用户提供了便利的交流渠道，但由于虚拟网络并不像正式组织网络那样具有约束力，平台成员之间、成员与企业之间的低弱关系难以长期维系，而平台的良性运营需要活跃的用户持续性的创意贡献，这就要求管理者能够全面掌握影响用户提交创意的因素，洞察用户需求，采取有针对性的手段激发用户的知识贡献。其次，在平台收集到创意之后，通常会为社区成员预留一定的时间让他们开展互动讨论，通过点赞、评论等方式提出自己的见解，这对于促进用户的积极参与和创意质量的提升都是非常有必要的，企业应该找出影响社区成员与他人互动的因素，制定相关措施，引导用户积极参与社区互动。再次，创意管理成功的关键在于如何选择出高质量创意,海量创意加剧了企业的筛选难度,在有限的资源水平下,企业需要对大量创意进行高效快速的筛选,减少资源消耗。

基于上述分析,本文试图从创意管理全流程的角度出发,理清企业在不同阶段的工作重点,并通过现有文献分析,找出每个阶段中尚未解决的难题,据此提出本文具体的研究问题。

(1)影响OIC中新用户持续参与的因素有哪些?社区成员的反馈是否会对其产生影响?社区管理者的反馈是否会对其产生影响?不同类型反馈的影响是否会存在差异?社区成员反馈和社区管理者反馈之间究竟是互补关系,还是替代关系?目前有关OIC用户参与行为影响因素的研究已取得了丰富的研究成果,但是对于社区中的特殊群体——新进入者的考察却明显不足。本文从创意反馈的视角出发,分析不同类型群体的反馈对新用户持续提交创意行为的影响,为企业管理和维系新用户提供具体建议。

(2)创意文本的语言信号是如何影响他人进行回复的?语言信号包含哪几类,每一类别中又各包含什么样的特征?本文以信号理论为依据,结合现有研究文献中对文本信号的划分,分析不同类型的语言信号对社区成员和社区版主回复行为的影响,比较语言信号对两类群体影响的差异,为企业引导用户如何发布创意、维持社区交流讨论的活跃度提供建议。

(3)在与创意相关的特征中,哪些因素会影响企业的创意采纳行为?本文以详尽可能性模型为理论依据,参考现有研究文献中对中心路径和边缘路径的定义,对OIC中所呈现出的创意相关特征进行划分,分析不同路径上的因素对创意采纳的影响,为企业提升筛选创意的效率、避免信息过载引发的负面结果、成功运营创新平台提供建议。

(4)创意文本的写作风格是如何影响企业采纳的?哪些类型的写作风格是具有代表性且有可能会对企业采纳产生影响的?通过查阅相关文献发现,现有关于创意采纳的研究多关注创意特征和用户特征等结构化数据的影响,而对于非结构化数据的考察还明显不足。本文从语言特征的视角出发，选取四个具有代表性的语言风格——"负向情绪性""自我导向性""认知导向性"和"未来导向性"开展数据分析，考察创意文本中不同的写作风格对创意采纳的影响，为企业高效筛选创意、建立自动化的创意监测工具提供建议。

（5）具有什么特点的创意才是高质量的创意？许多研究将与创意相关的特征和创意发布者相关的特征数据进行检验，如创意长度、创意受欢迎程度和用户的个人经验等，但目前的研究结果并不完全一致，有些特征在某研究的检验结果中显著但在其他研究中却并不显著。如何解释这一现象？目前还尚未有针对这一问题的严格的学术分析。在相关文献积累到一定数量的情况下，非常有必要通过元分析技术对影响创意质量的因素进行探究。本文借助已有文献归纳出现有影响因素，对有争议的部分进行数据汇总，之后利用元分析技术进行主效应和调节效应的检验，揭示研究结论存在冲突的原因。

[示例 4.1 点评]

该博士学位论文的题目为《开放式创新社区的创意管理研究》，关键词为开放式创新、用户创新、创新社区、创意管理。作为一个以创新为主题的博士学位论文，在提出具体问题之前，首先要说明问题的背景。因此，该文的第一段首先说明创新对于企业竞争的意义，第二段说明创新的流程，并提出论文的另一个重要的关键词——创意管理的重要性，而且常常被忽视。

第三段进一步提出论文的第三个关键词——开放式创新在现阶段的重要意义。紧接着的第四段，话题一转，图文结合地说明开放式创新所依赖的互联网，尤其是移动互联网的普及率，为第五段讨论基于互联网的用户信息尤其是用户生成内容等群体智慧的创意提供客观依据，逐步从问题的背景逼近论文的问题：如何高效地捕捉、整合、利用外部资源和外部渠道，获取和整合创意成为企业所面临的新问题。

为了解决该问题，第七段直接切入基于互联网的开放式创新社区，这也是论文的关键词之一，列举实例及其重要性。在此基础上，为了回答上述问题，第八段给出了基于开放式创新社区的创意管理的概念界定并细分为三个不同的阶段及其存在的问题。

此后，从创意管理的角度，进一步提出论文研究的5个具体问题，影响开放式创新社区中新用户持续参与的因素有哪些？创意文本的语言信号如何影响他人的回复？哪些因素影响企业创意采纳行为？创意文本的写作风格如何影响企业采纳行为？具有什么特点的创意才是高质量的创意？这些问题涉及创意管理的3个不同阶段。

如此从问题的背景出发，从宏观到微观、从一般到具体，由面到点、由大到小、由表及里、层次分明、逻辑清晰地提出了论文的研究问题。这5个问题的提出，也为后续对应的研究内容和研究方法提供了依据。

值得注意的是，作为博士学位论文，该文围绕选题提出了5个具体的研究问题，既符合博士学位论文所要求的深度和广度，也表现出较为充分的工作量和系统性。可以预见，后续将分别以这5个问题为主题所构成独立的5章构成博士学位论文的本论部分。

简洁起见，该文也有进一步改进的空间。例如，第一段所述的创新的重要性、第五段所述的中国互联网发展现状，属于较为常识性的认知，可以简化甚至略去。此外，5个具体问题也可以表述得更为简洁，只需提出问题，无须具体解释，具体的解释可以留待后续的研究内容甚至文献综述部分展开，因为研究内容和文献综述不可避免地还将进一步表述，并提供更为详尽可靠的分析和相关证据。

[示例4.2] 专业硕士学位论文《新冠肺炎疫情下Y食品产业园生鲜冷链物流的风险管理》的研究问题[4]

我国是生鲜食品生产与消费大国，2019年国内生鲜市场交易规模约为

2.04万亿元，2020年生鲜总需求量达4.2亿吨。生鲜食品，作为一种短生命周期的消费品，具有易腐、易损、温度敏感的特点，在生产、运输、需求等各种因素中具有较高的不确定性，并且直接影响消费者的生活与健康。冷链物流在生鲜食品保鲜，保障质量安全等方面具有重要作用，是支撑生鲜企业持续发展的基础。

然而，我国冷链物流行业尚处于成长期，发展不够成熟，在物流过程中采用冷链的比例较低，人均库容量等指标明显不足，产品损腐率较高。果蔬等生鲜产品在冷链环节上的损耗率高达25%～30%，比冷链发达国家高约20%。2020年新冠肺炎疫情（COVID-19）的爆发暴露了冷链物流基础设施不完善、组织能力弱、无统一标准、专业人员缺乏、运作成本高等问题。疫情之下，北京新发地等地接二连三地发生了近百余起进口冷链食品包装上检测出新冠肺炎病毒的事件，更是给冷链物流安全敲响了警钟。因此，在新冠肺炎疫情常态化反复的背景下，生鲜冷链物流面临着前所未有的挑战，过去的冷链物流体系及管理已难以适配新的发展需求。

对此，政府层面陆续发布了推进冷链物流基地建设、冷链物流卫生规范、疫情防控指南等文件，明确指出要引导冷链物流质量和安全的全面提升。因此，对生鲜食品企业而言，基于内外部环境的压力，从整个流通过程进行严格把关，建立生鲜食品冷链物流在供应、运输、包装加工、仓储、检验检疫等环节的质量安全风险管理机制是至关重要的。

Y食品产业园是地处FJ省FQ市的国家级食品工业园区，主要经营的食品以果蔬、肉制品、水产海鲜等一系列生鲜冷藏冷冻食品为主，园区汇集了海内外数千家食品企业，对入驻企业的生鲜食品生态链进行集中管理，提供B2B在线交易和线下展销交易的销售渠道，为海内外生鲜食品供应商和采购商提供"口岸通关、冷链物流、供应链金融"等全方位服务。在新冠肺炎疫情的影响下，冷链物流尤其是进口冷链周期长、环节多、风险高，一旦由于某个环节或某个因素出现漏洞，造成不可控的风险事故，将给园区带来巨大的损失，给品牌形象带来负面影响。目前Y食品产业园对冷链物流的风险管理体系较为薄弱，新冠肺炎疫情带来了新的风险因素，导致评价指标体系的要素和结构发生变化。生鲜冷链物流风险管理面临新目标，冷链政策密集出台，风险管理压力倍增，园区生鲜冷链物流风险管理体系及其可操作性需进一步完善。Y食品产业园要想在竞争激烈的生鲜食品市场中提升核心竞争力，必须更加重视冷链食品的质量和安全问题，建立一套科学有效的风险管理体系，加强对园区生鲜冷链物流的风险管理。具体而言，需要探究Y食品产业园生鲜冷链物流风险因素及因素间关系，园区生鲜冷链物流风险的评估方法与评估等级，以及针对性的风险控制措施。

因此，本文通过对Y食品产业园生鲜食品冷链物流的流程环节梳理，识别潜在风险点，并基于事故致因理论提取出关键影响因素，建立完善的风险评估指标体系，基于DEMATEL-ISM模型分析指标因素之间的结构关系，计算递阶中心度权重，利用云模型构建风险评估模型，对园区生鲜冷链物流进行风险评估，并提出风险应对措施和风险管理改进建议，帮助Y食品产业园在新冠疫情持续影响的困境中临危不惧，提升品牌竞争力。

[示例4.2点评]

该专业硕士学位论文的题目为《新冠肺炎疫情下Y食品产业园生鲜冷链物流风险管理》，关键词为新冠肺炎疫情、冷链物流、风险管理等。

该文第一段首先简要说明论文的研究对象——生鲜食品的规模、特点及其冷链物流的重要性。第二段说明我国冷链物流发展的现状和不足，尤其在新冠肺炎疫情中暴露出的问题，对冷链物流提出了挑战。第三段说明政府的重视并发出了各类指导性的文件，要求企业提升冷链物流的质量和管理水平。上述作为论文的背景从国家的宏观层面提出了对生鲜冷链物流管理的要求。

紧接着的第四段，进入企业层面，简要介绍论文研究的企业对象——

Y 食品产业园的基本情况、特点和对生鲜冷链物流风险管理的要求。最后一段则提出论文研究的具体问题。需要说明的是，作为一种提供解决问题方案而非通过实证解释问题出现原因的学位论文，在表述论文的研究问题时，还可以说明解决问题所采用的方法，体现解决问题的逻辑过程或技术路线，作为后续的研究内容和研究方法的前奏或埋下伏笔，详情有待后续进一步说明。

如此，从宏观到微观、从国家到企业、从一般到具体、从背景到问题，层层递进、层次分明、逻辑清晰地提出学位论文所研究的具体问题。

4.2.2　研究意义

学位论文在提出论文的研究问题之后，紧接着就是要说明为什么要研究这个问题，一般表达为研究意义（significance）或研究动机（motivation），即证明这个问题是有意义的且适合进行学术研究。这就是第 1 节标题为"研究问题及意义"的原因所在，而不是更常见的"研究背景及意义"，因为重要的不是背景而是问题，当然在提出明确的问题之前，确实需要介绍问题的背景，但背景不是核心，只是辅助，问题才是核心，以体现学位论文问题导向的原则。

作为社会科学的管理学，其研究问题的意义无非理论意义或实践意义，或兼而有之。其中理论意义为后续结论部分的理论贡献（contribution）提供标杆，而实践意义则为后续结论部分的管理启示（implication）提供依据。前后呼应，相得益彰，构成一个闭环。一般来说，导论中的理论意义和实践意义可以相对宏观、普适，而结论中的理论贡献和管理启示因为有了具体的研究内容、研究方法、研究过程和研究结果的支撑，则必须明确、具体、有效，甚至可操作。这也就是理论意义和理论贡献、实践意义和管理启示之间的差别和联系。

[示例 4.3] 博士学位论文《开放式创新社区的创意管理研究》的研究意义[3]

理论层面上，丰富现有开放式创新环境下有关创意管理的研究内容。以 OIC 为研究对象，将面向 OIC 的完整的创意管理流程分为创意产生、创意互动和创意筛选三个首尾相连的阶段，爬取创新社区中的真实数据，通过不同实证方法的应用，研究企业在创意管理的各个阶段中所面临的问题。一方面拓展信号理论、详尽可能性模型等理论模型的适用范围；另一方面针对不同样本、不同主体、不同视角开展的研究也能够丰富研究情境，有利于构建不同行业的创意管理体系。

实践层面上，有助于企业对面向外部用户的创意管理流程有一个更加系统的认识，为企业运营 OIC 提供管理启示。通过对新用户参与行为的研究，有助于企业维护和管理这类人群，获得持续的创意来源；通过对用户—用户和用户—管理者之间互动行为的研究，有助于企业活跃社区氛围，汲取多元化的知识；通过对高质量创意特征的研究，有助于企业提高创意筛选效率，降低信息过载引发的不良后果，更好地进行社区管理，增强企业核心竞争力。

[示例 4.3 点评]

理论意义方面，从论文的主题创意管理出发，提出创意管理的流程，进一步在研究方法上丰富实证研究所依赖的信号理论、详尽可能性模型等理论模型的适用范围。从理论到方法，层次分明，有待后续的理论贡献提供支撑。

实践意义方面，分别由 5 个研究问题的研究结论为企业运营开放式创新社区的创意管理提供依据，为后续结论部分的管理启示埋下伏笔。

[示例 4.4] 专业硕士学位论文《新冠肺炎疫情下 Y 食品产业园生鲜冷链物流的风险管理》的研究意义[4]

逐步常态化的新冠肺炎疫情给企业运营尤其是物流带来重大影响，Y 食品产业园的生鲜冷链物流也面临前所未有的挑战。为此，本文以 Y 食品产业园为对象，开展生鲜冷链物流的风险管理研究，为完善企业的风险管理体系提供解决方案，有助于企业充分认识企业冷链物流存在的问题和风险，降低生鲜食品冷链物流风险，减少损失，提高生鲜冷链物流管理的质量，提升企业运营效率和竞争力，满足消费者对生鲜食品品质和安全的需求，具有重要的实践意义。

与此同时，考虑到新冠肺炎疫情的特殊情景，探索事故致因理论在识别冷链物流风险方面的应用，引入 DEMATEL-ISM 模型分析风险影响因素之间的层次关系，同时利用云模型对生鲜冷链物流进行风险评估，丰富了特殊情景下的生鲜冷链物流风险管理研究，具有一定的理论意义。

[示例 4.4 点评]

作为专业硕士学位论文，其研究意义主要是为具体企业的具体问题提供解决方案，进一步分析实际效果，可能对相关行业提供管理启示。如果在研究方法上有一定的贡献，也可以体现其一定的理论意义。

此外，博士学位论文常常被要求明确说明其创新点，并须在评审阶段得到评审专家的认可。有时甚至硕士学位论文包括专业硕士学位也要求有创新，此时就可能带来困惑或争议。因为在中文语境中，学术上的创新是一个相对含糊但分量却很重的词，且常常被冠以前所未有、第一次、第一个，或者填补空白这样的高帽。如果从理论意义的角度改用"理论贡献"这个词，则较为明确，也比较容易得到共识和认可。只要论文的研究能够弥补现实问题和现有理论之间的差距（gap），就可以确认为有一定的理论贡献，而这个贡献可大可小，一定程度上也反映了学位论文学术水平的高低，而非如创新般只能是"是"或"否"、"有"或"无"的两种选择，而这种选择又决定了论文合格或不合格的命运，常常陷入囚徒困境。

在专业硕士学位论文中，一般应该以真实企业的实际管理问题为研究对象。在表述研究意义时，常常看到"本研究能够为其他企业或者相关行业的企业提供借鉴"这样的表述。这种说法显然不容易得到广泛的认可，也非学位论文研究的真正意义所在。根据问题导向的原则，专业学位论文一般应以具体企业的具体管理实践为背景，提炼出具体的管理问题，并应用管理学的相关理论和方法进行分析，提出解决方案，分析方案实施的效果并得出结论，这本身就是专业学位论文的研究意义所在。一般只有实践意义乃至管理启示，少见理论意义和理论贡献。至于是否有其他借鉴意义，不是论文本身的研究目的，也不由论文本身所决定，而是由见仁见智的读者决定。

常见学位论文的导论有"研究目标"或"研究目的"的标题，其内容又常常与"研究意义"交叉甚至重叠，常常令人困惑，无从分辨，无所适从，似无必要。研究目标或研究目的的说法更多地用于申请研究基金项目。一个研究项目就是一项具体的研究工作，而任何工作都应该有明确的目标或目的。这个目标或目的应该是可明确观测、可度量、可检验，甚至需要验收的。没有这种明确的目标就不可能说服基金项目评审专家和基金管理机构立项并给予资助。因此，研究意义主要是就问题所引申出来的学术价值或应用价值，研究目标或研究目的则是衡量研究工作的可度量的指标。作为学位论文，重要的是明确研究意义，而非研究目标或研究目的。没有必要设置"研究目标"或"研究目的"这样的标题及其相应的内容。

4.3 研究现状或文献综述

学位论文的第 1 章导论部分开宗明义地提出问题之后，就要说明为什么要研究这个问题，即所谓研究意义。实际上，研究意义很大程度上只是从理论和实践两个方面说明问题的重要性（significance），至于是否有必要继续研究下去，还需要对研究现状进行分析，即证明问题"与现有的学术文献和争论存在某种持续性的联系"[5]。而这个研究现状，就是从学术的角度，以文献综述的形式出现。因此，学位论文的第 2 章通常就是文献综述（literature review）。

作为非学术型的应用型专业硕士学位论文，主要是把经典、常规、主流的管理理论和方法应用于具体的管理实践中，所涉及的管理理论和方法常常都是经典的教科书常见的内容，不可能、也似乎没有必要进行全面系统的文献综述。相关研究生在此方面更没有经过必要的学术训练。因此，更多的是要从实践的角度对与问题相关的行业或企业的实际状况进行评述和分析，即所谓研究现状。从某种意义上说，应用型专业硕士研究生的特色甚至是优势在于其较为丰富的实践经验，这种实践经验不仅体现在自身企业的管理实践中，也体现在其所在行业的历练中。因此，应该更多地从实践的角度而非纯文献的角度说明研究现状，说明问题与实践之间的联系或差距，说明进一步研究的必要性，或者为进一步研究提供基础、标杆或依据，或者对问题的研究有所启发。从另一方面说，也是扬其所长，避其所短，何乐而不为？勉为其难地撰写所谓文献综述，就可能成为文献综抄，甚至可能掉入教科书式的陷阱中而倍受诟病。

常常看到一些学位论文，尤其是专业学位论文把第 2 章设为"理论基础"，或者"理论基础和文献综述"，起到教科书传播知识的作用。作为问题导向的学位论文的主要目的不是知识传播，更不是教学导向，没有必要甚至不允许罗列或者介绍教科书的内容，除非对教科书的内容有颠覆性的认识。因为这样做难免有"灌水"之嫌，更难过"查重"一关。当然也有人会说，许多已经通过答辩的学位论文，尤其是早些年的学位论文，甚至是学位论文写作教科书提供的范文都是这么做的。也有人认为，学位论文中理论基础部分的内容，可以展现论文作者的专业基础和专业素养。更有研究生答辩时甚至受到答辩委员的质疑：为什么论文中没有基础理论知识的介绍？事实上论文有优劣，观念会进步，标准也在提高；已经答辩通过的论文并非完美，可能只是合格，甚至也有不合格的。其关键在于摆事实，讲道理。个人可以有自己的价值观和选择，高下可判。但作为评判学位论文合格与否的标准，至少应该有一定的包容空间。

学位论文中也经常会看到"国内外研究现状"这样的表述，其实并没有必要强调"国内外"，除非真的就是做严格意义上国内外比较研究。即使这样，仅仅分为"国内外"，似乎也不够严谨。"国内外研究现状"的提法更多地来源于科研项目的申请书或者计划书中，特别是早期我国在各个领域的研究水平都与国外先进水平有较大的差距，多数科研项目都是瞄准后者以追赶国外先进水平为目标，以体现科研项目的价值和水平。因此作为科研项目发起人，应该明确告知资助者，国内外差距巨大，值得研究，研究之后能达到什么水平，等等。这种思维也就顺带影响了论文写作。

因此，作为专业硕士学位论文，由于这部分内容的篇幅所限，从表述逻辑和表述内容上看，更适合作为第2节的内容放在第1章第1节的问题及其研究意义之后，以"研究现状"为题进一步说明对论文提出的问题进行研究的必要性。当然，如果这个"研究现状"确实以文献综述为主，且下足了功夫，足够专业，以"文献综述"为题也非不可，但还需慎重。

尽管如此，作为学术型的学位论文尤其是博士学位论文，文献综述是不可避免、无法规避的，而且所占分量很重，因为文献综述很大程度上反映了学位论文的学术水平，是研究生尤其是博士生长期学术训练和学术积累的体现。

一般而言，文献综述的目的是为问题的研究提供依据、标杆，进一步从学术文献的角度阐明论文研究的必要性和可行性。因此，文献综述也应该体现问题导向的原则，应该有的放矢，而非面面俱到如教科书。围绕研究问题的不同角度、不同侧面，用独有的逻辑、线索或框架，对与问题相关的理论、方法和结论进行全面系统的、夹叙夹议式的评述。通常看到的文献综述只是机械地按时间顺序对相关文献简单罗列和介绍，很少有学位论文作者自己的评价和观点，不能有理有据地发现现有理论与现实问题之间的差距，从而为学位论文研究的理论贡献提供机会。

文献综述的类型有多种，与文献综述的载体有关。有的文献综述是作为学术论文的一部分；有的文献综述本身就是一篇独立完整的论文，这样的论文发表在学术期刊上往往作为期刊的约稿、由该领域有相当影响力的学者撰写。也有观点认为，这样的文献综述并非真正意义上的学术论文。但其影响大，引用率也相对较高。此外就是学位论文的文献综述。

不同类型的文献综述有不同的目的，对应不同的结构。一般来说，文献综述的结构包括时间序列式结构、学派发展式结构、问题领域式结构、研究方法式结构等。

时间序列式结构是以时间为序，将某个研究领域按照年代时间顺序进行推演描述，清晰地展现研究发展的时代背景和纵向演变趋势，具有历史感，也可以称之为历史发展式结构。

学派发展式结构是将研究领域按照学派进行划分，分别描述不同学派观点和相互联系，横向展现该领域的学理结构。

问题领域式结构是按研究主题分别阐述该研究领域的研究成果。

研究方法式结构按照该研究领域采用的研究方法所取得的研究成果进行划分和描述。

其中时间序列式结构、学派发展式结构更适合作为独立论文的文献综述，因为其目的就是要对相关领域的研究做出全面的评述。而作为问题导向的学位论文则更适合于问题领域式结构和研究方法式结构。因为从解释或解决问题的角度看，有的放矢的问题和方法才是学位论文研究关心的要点。

文献综述的写法是个复杂的学术和专业问题，与学科、专业、方向、问题甚至研究目的和方法有关，且有各自不同的套路、程式甚至模版，需要长期的阅读、积累和训练，甚至有专门的课程。一般也需要充分的篇幅才能达到目的，因此经常独立成章并作为学术型学位论文的第2章。

[示例4.5] 专业硕士学位论文《X 银行电子银行系统建设项目的进度管理研究》的研究现状[6]

1.2 研究现状

项目进度管理方法已经发展几十年，从20世纪50年代开始，就提出了关键路径法（critical path method，CPM）、计划评审技术（program evaluation and review technique，PERT）等方法，90年代又进一步发展出将约束理论（theory of constrain，TOC）与CPM相结合的关键链（critical chain，CC）方法，用于解决进度管理中资源约束与冲突问题。很多学者在进度管理方面也做出了很多研究。在进度计划方面，提出了设计结构矩阵（design structure matrix，DSM）进度优化方法、寻找"最小压缩截集"的单代号网络计划方法、组织分解结构（organizational breakdown structure，OBS）与工作分解结构（work breakdown structure，WBS）相结合的分层分级方法、$a+b_i+c_j$型联系数等方法，进一步解决了项目进度计划中任务关系复杂、资源约束紧、组织架构复杂或突发事件等计划的问题，从而优化工程项目的进度计划；在进度控制方面，提出了模糊动态规划方法、差分进化人工蜂群算法模型等，解决工程项目中资源受限、大型项目复杂导致进度控制难的问题，以优化进度和提升进度控制有效性；在多项目的进度管理方面，提出了将关键链法与遗传算法、贝叶斯网络模型、混合优化算法等算法相结合，解决因项目网络规模增大导致约束因素与不确定性因素增加对项目进度影响问题，更好地处理与协调资源冲突与工期冲突，优化多项目并行时的进度与管理能力。

但上述研究集中于为工程、制造和建筑等行业的项目进度管理方法，并不能解决软件项目自身独特的进度问题。软件开发项目具有独特性、复杂性与不确定性的特点，与普通项目不同，软件项目涉及的是纯知识产品，其开发进度和质量难以准确估计和度量。软件项目的成功为在预算内按时交付系统功能，这涉及对项目成果、进度和成本三者的互斥统一管理，影响项目成败的主要因素包括客户授权、项目范围和需求、项目团队的执行与内外部情况等四个因素，其中项目延期交付在项目失败的案例占比中极高。

因而，软件项目进度管理一直是困扰项目经理的一个主要问题。软件能力成熟度模型（capability maturity model for software，CMM）自20世纪80年代末提出，软件能力成熟度模型集成（capability maturity model integration for software，CMMI）是在CMM的基础上发展而来的，用于指导软件开发过程的改进和进行软件开发能力的评估，其中也包括了相应的软件项目计划的流程规范。国内外学者分析了软件开发项目影响进度的因素，主要集中在项目进度计划制定、技术复杂度、项目团队能力以及客户需求等四个方面。Van Genuchten 指出进度延迟的主要因素是制订了不切实际的项目计划，以及对项目范围与技术复杂度过度低估；Jeet 等基于影响图、现有数据库数据及专家观点建立模型，指出影响软件开发项目的生产力和进度的主要因素是对关键人员的依赖、技术的不成熟、缺乏客户支持与缺乏联系人的能力；Wang 等构建了软件进度的贝叶斯网络模型，通过计算该模型的条件概率表及敏感性分析，指出了软件进度中人员团队大小、经验、开发方法等团队能力及开发成熟度对项目进度的影响最大；景阳等用模糊层次分析法评估某系统研发进度风险，分析结果中技术难题、人员流动性大、人员研发经验不足、技术方案不明确为影响项目进度的五大因素；王明明等总结了我国科技研发项目的特点，指出科研项目的进度管理具有多变性和不确定性更强、目的性和时间性要求更高、知识反向不对称性更突出的特点，这些特点均较工程项目更容易导致项目进度延迟。

综上，因软件开发项目的独特性、复杂性与不确定性特点，造成软件项目进度延迟的主要因素包括四个方面。①因项目进度计划制订过于乐观，低估了项目范围与技术复杂度，导致项目计划在执行过程中易出现延迟。②因软件项目技术的独特性，包括技术复杂度高与技术方案不成熟等，造成项目进度执行中出现延迟或返工。③因项目团队的不足，包括团队人员数量、技术能力、技术经验、开发方法的不足，导致了实施过程中的延迟。④因需求变化，包括客户对科技产品理解的不足或与开发人员对产品功能的理解不一致，使得需求在产品产出过程中不断变化。

为解决软件开发项目的进度延迟，就需采用合适的项目进度计划制订方法、项目进度控制方法以及适应需求变化与项目不确定性因素的敏捷开发方法。

1.2.1　软件项目进度计划研究

项目进度计划是项目进度管理的第一步，也是最为基础和重要的一个环节。通过项目进度计划的制订确定项目任务、时间进度表、任务间关系等，保证项目能够在合理的时间内完成。在骆珣的《项目管理》中，项目进度计划的制订过程主要包括活动定义、活动排序、估算活动时间、估算资源投入、制订进度计划这几个环节。在 CMMI 软件项目计划的过程模型中，针对软件项目的特点，在活动定义之前增加了定义软件开发生命周期

（software development life cycle，SDLC）的环节，此环节主要是针对软件项目的开发方法，确定软件开发生命周期，如传统的 SDLC 包括瀑布形、螺旋形、增量型、V 型等，敏捷方法包括迭代式增量软件开发（scrum）、极限编程（extreme programming，XP）、统一软件开发过程（rational unified process，RUP）、特征驱动开发（feature driven development，FDD）等，这样才能据此开展后续的活动定义与任务分解工作。在活动定义时，通常采用 WBS 对活动进行逐层分解，可根据产品研发过程分为产品任务分解结构（product work breakdown structure，PWBS）、交付物分解结构（deliverable work breakdown structure，DWBS）等，根据 Andishevaran 项目管理方法，可分为项目控制工作分解结构（project control work breakdown structure，PCWBS）、功能工作分解结构（functional work breakdown structure，FWBS）和关系工作分解结构（relational work breakdown structure，RWBS）。武占春等则提出采用 PDCA 的软件过程控制模型方法在活动定义时增加计划控制阈值与软件过程的控制阈值的属性，以便后续更好地管控项目实施过程。李铭等采用过程建模语言（virtual prototype modeling language，VPML）进行项目计划的制订、跟踪与调整，通过将过程相关的概念与项目计划的要素进行映射和自动转化，实现项目计划制订，此方法较 Project 甘特图方法的优势为，可在计划调整时给出变化对后继任务的影响，有利于后续计划跟踪和调整控制。但上述方法在计划拟定时增加了较多的工作量，对于大型项目几千个任务而言，其计划制订及后续任务计划调整的工作量将成倍增加，不利于项目计划的快速调整与管理。而 Project 甘特图方法可较为快速地制订出项目计划，并直观获得项目关键路径。黄斐以小型网站规划项目为例，采用确定型网络图方法＋Project 甘特图方式进行进度计划制订，以便捷和直观的方式获得计划的关键路径和任务时差。王硕等以大型软件研发项目为例，总结出甘特图框架经验，以近细远粗的原则（即滚动计划法）进行任务分解和计划拟定，通过 Project 甘特图与管理原则解决大型软件研发项目的进度计划制订问题。但项目计划的活动或任务工时均需要企业有相应的历史数据作为参考，才能制订出相应准确的工作计划，同时软件产品的不可见性、不确定性与特殊性等要求也导致采用传统的以产品或子系统进行任务分解的方式无法适应项目需求变化。这是因为传统的软件开发生命周期是以计划驱动，有明确的阶段划分，一个阶段完成后才进入下一个阶段，而软件项目在软件开发之前难以准确地表述清楚需求，往往需要等产品成型后才能提出新的变更需求，最终影响项目进度。同理，按照产品或子系统进行任务分解的方式也会导致需求验证需要等最后产品产出后才能开始，无法避免需求变更对项目进度的影响。

由上述研究可以看出，软件项目的项目计划制订与软件开发生命周期有密切关系。传统的软件开发生命周期一般为需求、设计、开发、测试、部署、维护的流程，其特点为规范化、标准化、项目团队人数众多，适用于大型软件项目的建设，其优点为适宜项目团队人数众多的项目、有严格的流程用于管控并保证产品的质量与项目进度，最主要的缺点为项目应对需求变化、方案变化等不确定性因素高的能力不足，以严格的项目变更流程限制客户需求变化。因而，选择传统的软件开发生命周期方法并不能很好地解决软件项目中进度计划不确定性、需求变化等不确定性因素引起的进度问题。

1.2.2 软件项目进度控制研究

项目进度控制是项目进度管理的另一重要环节，通过控制项目进度及时发现和解决因内外部原因所造成的进度偏差，此工作将贯穿于项目始末。其中，发现进度偏差的方法常见的有项目进度报告、甘特图、挣值法、网络计划技术等，崔晓明等对比了甘特图、网络计划技术、关键链技术等进度控制方法的优劣势，提出了将实际进度前锋线法应用于软件项目的进度控制方法。梁成才则进一步对里程碑进度、挣值法、甘特图和网络计划技术等进行全面比较分析，指出了各自的使用场景。杨莉、王明明等将关键链方法应用与软件项目进度的管理过程中，通过设定缓冲区，以概率方法鉴别出进度偏差对项目的影响程度，并根据影响程度采取合适的措施，以最小的代价解决进度问题。周津慧等采用挣值法对软件项目的进度偏差与成本偏差进行分析，从而发现项目存在的问题并及时解决。

从上述研究结果中，各类进度偏差发现的方法均有一定的适应性，对于软件项目而言，应在不同场景下采用不同的技术方法，才能以最快的方式发现进度偏差，及时采取补救措施或调整计划。但如何确定何种偏差采取何种解决方法，张俊光、杨芳芳等提出确定重大偏差标准的3种方法，对于超出重大偏差标准阈值的采取计划调整，对于不超过重大偏差标准阈值的采取适当的补救措施减少对计划的影响。张俊光、杨双等提出了通过建立软件开发生命周期各阶段的重大偏差标准阈值与项目整体风险储备时间的关系模型，并采用回归方程、标准差方法确定各阶段的重大偏差标准阈值。但文献只研究了重大偏差标准阈值，对于软件项目而言大部分的进度偏差都属于一般偏差范围内，需通过及时的发现和纠正措施，将问题解决于萌芽状态，避免小问题累计成大问题，这是现有软件项目进度控制方法未进一步阐述和研究的。

项目进度控制在发现进度偏差后，下一步就是纠正偏差。对于小偏差，一般软件项目将采取加班、临时增加人员等增加资源方式立即纠正。对于大偏差可采取优化技术方案或计划调整的方案，此时所采用的方式一般为甘特图、网络计划技术、关键链技术等。除此之外，徐如志等结合CMM软件工程方法论，提出采用动态规划的软件项目过程优化算法，解决项目进度偏差后如何合理增加资源优化进度，而不是采用删减需求或者延长工期等不利于项目成功的方法。该方法需要有历史数据作为输入，对于一些无法有历史数据的项目将难以借鉴。

综上，软件项目的进度控制重点在于偏差，包括充分利用各类控制技术的优势，在不同场景下如何快速地发现进度偏差，并根据偏差的特点，采取有效的措施解决偏差，优化项目进度。

1.2.3 敏捷方法研究

敏捷联盟于2001年提出敏捷宣言，包括4种核心价值和12条原则。其中，"响应变化高于遵循计划"是敏捷的一条核心价值，这里"遵循计划"是有价值的，它约束了整体项目的时间表，而"高于"突出了"响应变化"的价值优于"遵循计划"，即在符合项目整体时间表下，优先考虑满足客户的"需求变化或产品变化"需要。敏捷方法是基于迭代和增量的过程，将软件系统按照时间盒（time-box）（也称为迭代周期）的方式迭代开发交付用户故事（user story），每次迭代的周期一般为2~4周，每次交付的用户故事个数也不相同。敏捷方法通过快速迭代交付成果给客户的方式，逐步逼近项目需求，在迭代过程中响应变化。因而，敏捷方法较以计划为基础的传统项目方法而言，可更好应用于具有高不确定性的软件项目。敏捷方法的进度跟踪采用每日Scrum例会（daily scrum）、看板（kanban）、燃尽图（burndown chart）、燃起图（burnup chart）等方式。其中，每日Scrum例会中项目团队每个成员介绍昨天完成情况，今日计划做什么，会议时间一般控制在15分钟内；Kanban展示了本次Sprint迭代中即将做的（to do）、正在做的（in process）与已完成的（done）用户故事，让每个团队成员可以清晰地看到当前整个项目的工作任务情况。燃起图横轴为时间轴，纵轴为完成的用户故事数量，直观地展现项目时间与已完成的工作间关系，并通过参考线（buideline）快速发现进度偏差，以便采取措施纠正进度偏差。

随着敏捷方法的快速发展，出现了XP、RUP、FDD、scrum等各类方法，这些方法各有其优缺点与所适用环境，许多学者纷纷研究如何将这些方法应用于各类中小型软件项目开发中。总体而言，敏捷方法更注重个体与交互，强调团队共识，对人员的技术能力、自主性、对敏捷方法的理解一致性、团队沟通能力等有更高要求。较传统的编制详细计划和技术资料的文档驱动方法不同,敏捷方法不通过文档沟通,通过小团队内的快速沟通形成共识。因而,敏捷方法不适宜大型软件项目的使用,但敏捷方法又在解决软件项目的高不确定性问题方面有其独特的优势。如何有机整合敏捷方法与传统软件项目的进度管理方法,将可更好地解决大型软件项目的进度管理问题。

[示例 4.5 点评]

这是一篇专业硕士学位论文的研究现状,论文的主题是软件项目的进度管理。作为专业硕士学位论文,主要应用现有的项目进度管理的理论和方法对具体企业具体项目的进度管理进行应用研究,因此适合以研究现状为题作为第 1 章导论部分的第 2 节。

该节导语部分首先以问题导向为原则,围绕学位论文的问题——项目进度管理,介绍项目进度管理方法发展的历程,并说明其特点,进而从软件项目特点出发,说明软件项目进度管理的特点和要求,提出需要在项目的进度计划、项目的进度控制和敏捷开发等三个方面进行进一步的研究。

此后分三小节分别就上述三个方面的研究现状进行综述。从文献综述的类型角度看,在导语部分按照问题领域式结构对项目进度管理方法进行了综述,为进一步研究软件项目进度管理提供依据和参考,说明在项目进度管理方法方面需要进一步研究的理由。后续三个小节则以研究方法式结构围绕软件项目开发项目的特点,分别就项目的进度计划、项目的进度控制和敏捷开发等三个方面问题进行综述。

4.4 研究内容

学位论文的第 1 章导论部分的第 1 节开宗明义地提出学位论文研究的

问题及其意义之后，就要说明学位论文的具体研究内容。所谓研究内容是指为了回答问题或者解决问题所需的研究工作。包括相关理论、方法、技术、过程、方案或者其他依据。但是常常看到学位论文把研究内容写成论文的章节结构。这就是所谓的文题不符，或者张冠李戴，没有意识到研究工作和学位论文之间的差别和联系。

研究内容是学术研究所做的工作，研究工作的成果以文本方式表达出来就成了以章节结构呈现的学位论文。也就是说学位论文是以研究工作为基础的。先有研究工作，后有学位论文。研究内容具体到不同学位层次、不同学科、不同专业、甚至不同研究方向或研究问题亦有所不同。

对于博士学位论文，一般来说，研究问题可能分列出若干个相对独立、有一定逻辑联系的子问题，其中每个问题都可以看成是研究内容的一部分而独立成文，甚至成为一篇硕士学位论文的主体。就目前的研究状况而言，一篇博士学位论文有 3~5 个子问题都很常见。每个子问题独立成章，甚至都已经在相关重要的学术期刊发表。对于有一定承前启后或其他逻辑关系的研究内容（子问题），可能采用不同的研究方法，此时就形成了整个研究工作的技术路线。常常看到有人把技术路线写成了论文章节结构，这也是因为不能很好地区分研究和论文的关系和差异。

［示例 4.6］ **博士学位论文《开放式创新社区的创意管理研究》的研究内容**[3]

概括而言，本文的研究内容共分成三大部分：①以梦幻西游手游社区为研究对象，研究不同角色的反馈和不同类型的反馈对 OIC 中新用户后续参与的影响；②以华为的"花粉俱乐部"为研究对象，研究 OIC 中不同类型的语言信号对社区回复和用户回复的影响差异；③研究创意筛选时哪些因素会对创意采纳产生影响，这部分又可细分为三方面的研究内容，一是以 steam 平台 dota2 创意工坊为研究对象，基于详尽可能性模型，从中心路径和边缘路径两方面探究影响企业创意采纳的因素；二是以梦幻西游社区为研究对象，从语言特征的视角出发，考察创意文本中不同的写作风格对创意采纳的影响；三是借助已有文献归纳出现有影响因素，对有争议的因素进行数据汇总之后开展元分析。

[示例 4.6 点评]

该文研究内容的三大部分、五项内容分别对应该文在研究问题部分提出的五个问题，采用实证研究的方法进行研究。根据问题的性质和数据获取的可能性，分别选取不同的具体场景进行实证研究。在概要性地提出论文的研究内容之后，该文紧接着分别根据五个问题所在的创意管理的三个不同阶段，对五项研究内容的内涵进行详细的分析。由于篇幅所限，不再在此展示。其中创意收集阶段的研究内容是影响新用户后续参与的因素；创意互动阶段的研究内容是影响创意回复的因素；创意筛选阶段的研究内容是影响创意质量的因素，分别有：影响企业创意采纳的因素；语言风格对创意采纳的影响创意质量的影响因素——元分析。

作为硕士学位论文，尤其是专业硕士学位论文，一般只需要研究一个问题。此时的研究内容就与问题的性质甚至研究方法有关，需要研究方法方面的训练，此处不做专门的介绍。

从问题性质的角度看，对于需要解释的问题，实证研究的方法或建模分析的方法有各自的逻辑和套路，每一阶段本身就构成了研究内容。对于需要解决的问题，一般来说研究内容之间也有严格的层次递进的逻辑关系，包括：问题的成因和影响因素；解决问题的理论依据、方法、技术、过程或方案；解决方案的实施过程及其效果分析。这也是大多数专业硕士学位论文的研究内容。

(1) 问题的成因和影响因素

通过企业历史背景和管理现状的介绍，定性定量相结合地分析问题的成因，通过一手或二手数据的统计分析识别问题的影响因素。既确证问题的存在，也为后续提出解决问题的方案提供客观依据。

(2) 解决问题的理论依据、方法、技术、过程或方案

在问题成因和影响因素分析的基础上，应用现有的理论、方法和技术，提出解决方案。论证或说明采用现有理论、方法和技术的理由。如果没有现成的理论、方法和技术，或者需要对现有的理论、方法和技术进行必要的修正、补充或改进，则需要在理论、方法和技术上有所创新，难度较大。这是论文的理论意义所在，更是后续结论部分的理论贡献乃至创新点的主要依据。

(3) 解决方案的实施过程及其效果分析

对于已经完成的管理实践，说明方案实施的具体过程和实际效果，对结果进行分析。对于尚未实施的方案，对实施过程提出建议，对可能出现的问题提出应对措施，对可能的结果进行必要的分析。

[示例 4.7]　专业硕士学位论文《新冠肺炎疫情下 Y 食品产业园生鲜冷链物流的风险管理》的研究内容[4]

本文的研究内容主要围绕新冠肺炎疫情下 Y 食品产业园生鲜冷链物流的风险管理问题展开，基于对相关文献的回顾研究，总结风险管理的研究现状与方法，结合产业园现状对生鲜冷链物流存在的潜在风险进行分析，首先进行风险识别研究，其次进行风险评估研究，最后是风险控制研究。

(1) 分析新冠肺炎疫情下 Y 食品产业园生鲜冷链物流现状，识别风险影响因素

首先，分析 Y 食品产业园的经营模式、组织架构和生鲜冷链物流的发展现状，并结合新冠肺炎疫情对生鲜冷链物流的影响得出了当下食品产业

园生鲜冷链物流风险管理存在的问题；其次，通过对生鲜冷链物流流程环节的梳理分析，得出各个环节存在的潜在风险；最后，基于事故致因理论识别出 Y 食品产业园生鲜冷链物流风险的主要影响因素。

（2）建立风险评估模型，对生鲜冷链物流风险进行风险评估

首先，根据识别出的影响因素，结合文献研究确定构建 Y 食品产业园生鲜冷链物流风险评估指标体系；其次，基于 DEMATEL-ISM 模型探究得出风险指标的递阶结构关系，将指标归类为直接影响因素、中间影响因素和基础影响因素，并据此利用递阶中心度权重法计算确定各指标因素的权重系数；最后，利用云模型理论，建立生鲜冷链物流风险评估模型，将通过问卷调查法调研得到的 Y 食品产业园生鲜冷链物流各风险指标风险值数据代入模型中，计算得出风险评估结果。

（3）构建风险控制策略，提出风险应对措施和风险管理改进建议

依据风险评估结果，构建风险控制策略。一方面，按照各一级指标子系统的风险严重程度顺序，依次提出针对性的风险应对措施；另一方面，从系统整体的角度提出完善风险管理组织结构与职责、生鲜冷链疫情防控体系、冷链物流追溯体系的风险管理改进建议。

［示例 4.7 点评］

作为专业硕士学位论文，以新冠肺炎疫情下 Y 食品产业园生鲜冷链物流的风险管理为题，首先要分析 Y 食品产业园生鲜冷链物流的现状，识别风险影响因素。其次建立应用风险管理的理论和方法，建立风险评估模型，对生鲜冷链物流的风险进行评估。再次在风险评估的基础上，提出风险控制策略、应对措施和风险管理改进方案。由于该文提出的方案尚未实施，属于预研项目，尚无法对方案实施的结果进行分析。

4.5　研究方法和技术路线

学位论文的第 1 章导论部分都有一个重要的任务——介绍论文的研究方法。一般而言，论文的研究方法要与研究内容相对应，构成第一章中的一节，即研究内容和研究方法。

从方法论层面看，作为社会科学的管理学研究方法一般分为两大类：一是实证研究方法；二是规范研究方法。

实证研究方法是通过观测到的样本数据进行统计检验以验证假设进行归纳推理得出结论。实证研究方法又包括建立在客观主义认识论基础上的定量研究（或称量化研究）和建立在建构主义认识论基础上的定性研究（或称质性研究、质化研究），以及以实用主义认识论为基础的、定性定量相结合的混合研究[7]。定量研究的具体方法又包括问卷调查、内容分析、实验研究等方法，定性研究的具体方法包括访谈法、田野调查、扎根理论、话语分析等方法。

规范研究方法是根据合理假设，按照事物间的内在联系，进行演绎推理得出结论。规范研究方法主要应用自然科学领域数理建模的方法，通过对现象的观察建立合理的假设，建立描述对象要素之间相互关系的数学模型，在此基础上进行数理推理和求解，得出数理结果，发现规律或机理，进而提出管理决策方案。

比较而言，规范研究方法解决的是应该如何做的问题，提供管理决策方案。实证研究方法回答的是现实世界实际是什么样的问题，用于解释现象，给出管理启示。两者各有所长。

由于学科、专业、研究方向甚至研究问题的不同，人们对研究方法的理解和表述也有很大不同。尤其是没有受过规范学术训练的专业硕士学位甚至学术型硕士学位研究生的学位论文，更是五花八门，错漏百出。最常见的写法是声称论文采用了包括文献研究法、案例研究法、比较分析法、实地调查法、现场访谈法、逻辑分析法、定性定量相结合的研究方法在内的各种研究方法。表面上看，这些方法确实大都是管理学研究所绕不过的方法，似乎无可厚非。但问题是这样的表述并不能准确地反映学位论文问题导向的研究特征——既然几乎所有论文都要采用这样的研究方法，就没有必要多此一举地加以特别的说明。事实上，不仅是管理学的研究，几乎所有的社会科学研究甚至许多日常工作都离不开这些方法，所以没有必要专门说明，或者说了也等于没说，不得要领。

一般而言，文献研究法不是一种独立、系统的研究方法，除非研究内容完全是通过文献研究的方法完成的。即便如此，文献研究也是有具体的定量方法支持的，如文献计量、元分析等。还有人声称采用了案例研究法，但是事实上这里所谓的案例其实是问题本身，因为论文的选题就来自这个所谓案例中企业的具体问题。这种误解常常出自专业学位的论文，因为专业学位论文的选题就要求是真实企业的具体问题，这其实是问题本身，而不是案例。更有甚者，试图建立（实则介绍）一套具有普遍意义的理论框架或者解决方案，然后以某个具体企业为例，说明这种理论或者解决方案的有效性和适用性。这就是一种教科书式的写作逻辑，也是一种传统的教学逻辑，而不是问题导向的研究逻辑。这也是强调学位论文问题导向的重要性所在，尤其对于专业学位论文，问题所在的企业越具体越好，越宽泛、越抽象就越糟，甚至落入抄袭的套路。

学位论文的研究方法是针对具体的研究内容所采用的具体的科学研究方法。由于具体研究内容是由研究问题派生出来的，换言之，研究内容是为了回答或解决研究问题的，因此，研究方法也应该是针对问题的，以实现问题导向的基本原则。

例如运营管理问题规范研究的数理建模方法中常采用的具体数学模型，有博弈论模型、随机动态规划模型等；信息系统问题实证研究中常采用的问卷方法、统计方法、实验研究方法等；还有相关管理问题研究中的计算实验、数据挖掘、数值分析、求解算法等。即使案例研究或者文献研究也有规范的结构化甚至定量方法支持，需要严格的学术训练。并非一般人所认为的那样，通过检索和阅读文献探寻研究的思路就是所谓的文献研究方法，或者以真实场景为研究对象就是所谓的案例研究。这种现象在专业硕士学位论文中尤为突出，而在受到严格学术训练的博士研究生的博士学位论文中较为少见。

[示例 4.8]　**博士学位论文《开放式创新社区的创意管理研究》的研究方法**[3]

本文采用实证研究方法进行分析。作为社会科学领域的基本研究范式，实证研究通过对研究对象的观察、实验和调查，获取客观材料，利用数据和实验方法归纳出事物的本质属性，所得出的结果具有精确性和科学性。本文旨在利用 OIC 中的数据探究不同因素对新用户后续参与、用户回复与版主回复和企业采纳创意的影响，即主要研究的是变量间的因果关系。通过对客观数据的提炼，实证研究能够采用中立的立场，规范化的研究步骤来回答研究问题，从而获取可靠的研究结论。

实证研究赖以成功的要素有三：理论、方法和数据。理论是实证研究的基石，研究假设的建立、变量选择、模型构造、研究结果的解释都需要理论做支撑；方法是实证研究的工具和手段，针对不同的变量特征需要选择不同的研究方法；数据则是实证研究的原材料。具体到本文，在理论选择上，本文基于信号理论、详尽可能性模型、信息过载理论等提出研究假设、构建研究模型、解释回归结果。在方法选择上，根据研究目的和变量特征的差异，本文前四个研究分别采用了 Cox 回归模型、Logistic 逻辑回归模型和负二项回归模型进行假设检验，最后一个研究问题则采用了定量文献综述——元分析的方法（meta-analysis）。在数据选择上，前四个研究通过爬取 OIC 中客观的二手数据开展实证分析，最后一个研究则借助于现有文献，通过检索、搜集、汇总主题一致的文献，对这些具有"相同目的""相互独立"的多个研究结果进行定量综合再分析，克服传统叙述性文献综述的缺点，得出更为准确的研究结果。

[示例 4.8 点评]

为了回答论文所提出的问题，针对问题导向的研究内容，总体上采用实证研究的方法。具体涉及理论、方法和数据三个方面。需要根据各项研究内容的特点，说明采用相应的理论、方法和数据来源。在后续五项研究内容所对应的第 5 章还将具体说明采用相应理论、方法和数据的理由和细节。此处只是宏观上从方法论的角度说明研究方法的合理性。

[示例 4.9] 博士学位论文《新零售模式下全渠道策略的选择研究》的研究方法[8]

本文在研究过程中所采用的主要方法是博弈论。博弈论是研究竞争性现象的重要数学理论和方法，它广泛运用于经济、军事和政治等学科和领域。由于供应链上和链间企业之间存在竞争和合作，因此，越来越多的学者将博弈论方法引用到供应链管理中。本文的研究内容涉及不同的供应链结构、多个供应链成员（如制造商、零售商以及消费者等）以及多个决策变量（如价格、服务、退货等）。同时供应链成员之间存在相互影响的竞争关系，企业在决策服务策略和退货策略时需考虑对手的反应，且以自身利益最大化为目标，因此，本文借鉴博弈论的思想，主要依据 Nash 博弈和 Stackelberg 博弈原理来构建相应的博弈模型，以此对不同供应链成员间的竞争进行刻画。

此外，在构建博弈模型的过程中，会使用到消费者效用理论。产品的需求来源于消费者，微观经济学的效用理论从消费者行为出发，假定消费者是完全理性的，其基于满足程度最大化，在各种商品之间分配有限的收入。本文的多个供应链结构均存在着消费者，消费者会基于其效用最大化原理，在不同的渠道和产品间选择。因此，本文在构建博弈模型过程中，首先根据消费者效用理论，采用合适的效用函数来推导出供应链中各渠道、各产品的需求函数。然后基于需求函数建立各企业成员相应的利润函数。

最后，本文还用到数值计算的方法。数值计算常用于模型较为复杂，无法求出解析解，或者所求得的解析解比较复杂，无法加以比较和分析。此外，也可用于针对其他参数的灵敏度分析等。本文利用 Mathematica 和 MATLAB 来进行数值计算，主要用以验证理论分析结果的正确性，以及探索除关键参数外其他参数的影响，以此从不同角度丰富结论，从而得出更全面、更广泛的管理启示。

[示例 4.9 点评]

该博士学位论文总体上采用的是规范研究的方法，具体而言，通过合理的假设，建立描述问题的博弈论模型，求解后得到关于问题的解释或解决方案。在此过程中，建模依据的是消费者效用理论。此外，求解过程中可能应用数值计算和数值分析的方法对数学解进行分析。

多项研究内容对应多种不同的方法，采取一定的逻辑顺序展开，就形成了研究的技术路线，因此，在"研究内容与研究方法"一节，可能还需要说明研究的技术路线（非论文结构），并图文并茂地予以展示。

[示例 4.10] 博士学位论文《开放式创新社区的创意管理研究》的技术路线[2]

本文的研究分为五个步骤，即图 4.2 所示的技术路线。

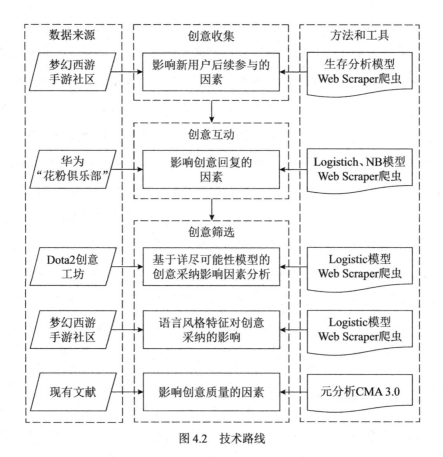

图 4.2 技术路线

①以梦幻西游手游社区为研究对象，探讨不同角色的反馈和不同类型的反馈对 OIC 中新用户后续参与的影响。从反馈的视角出发提出研究假设，借助 Google 浏览器内置的扩展程序 Web Scraper 收集研究数据，构建 Cox 回归模型进行假设检验。

②以华为"花粉俱乐部"为研究对象，探讨 OIC 中不同类型的语言信号对社区回复和用户回复的影响。以信号理论为基础提出研究假设，借助 Google 浏览器内置的扩展程序 Web Scraper 收集研究数据，分别构建 Logistic 回归和负二项回归模型进行假设检验。

③以 Steam 平台 Dota2 创意工坊为研究对象，探讨 OIC 中所呈现的不同特征对企业采纳创意的影响。基于详尽可能性模型提出研究假设，借助

Google 浏览器内置的扩展程序 Web Scraper 收集研究数据，构建 Logistic 回归模型进行假设检验。

④以梦幻西游手游社区为研究对象，探讨 OIC 中创意文本的写作风格对企业采纳的影响。从文本写作风格的视角出发提出理论假设，使用 Google 浏览器内置的扩展程序 Web Scraper 收集研究数据，借助 TextMind 文本分析软件获取研究变量，构建 Logistic 回归模型进行假设检验。

⑤基于现有类似主题的文献，采用元分析方法探讨影响创意质量的因素。首先，梳理了现有关于互联网情境下创意质量影响因素的研究，总结出现有文献中存在争议的因素，通过元分析的方法对这些因素和创意质量的双边关系进行研究，并通过亚组分析探讨现有研究结论产生不一致的原因，共分析了创意质量的测度、平台类别和创意类型这三个调节变量对主效应的调节作用，为企业在创意筛选阶段如何评价创意质量提供管理启示。

[示例 4.10 点评]

针对论文的五个研究内容，以创意管理的三个阶段为逻辑顺序展开各自相对独立的研究。尽管各项研究内容之间并无先后次序的要求，即后续的研究并不以前序的研究为前提或基础，但是依然以创意管理的三个有先后次序的阶段顺序展开，一定程度上体现了技术路线的合理性。技术路线图分别展示了各项研究的数据来源、研究问题和内容、研究方法和工具，研究工作的全貌一目了然。

[示例 4.11] 博士学位论文《新零售模式下全渠道策略的选择研究》的技术路线[8]

本文所采取的技术路线如图 4.3 所示。按照提出问题、分析问题以及解决问题的思路，以激活消费、促进零售增长为目的，从线上渠道缺乏产品体验和线下渠道购买便捷性不足出发,关注潜在可行的三个全渠道策略,即展厅策略、BORS策略和SFS策略。针对此三个策略,通过实例分析和阅读文献等,明确相关的研究问题：搭便车下零售商展厅服务策略的选择决策、零售商全渠道退货管理策略的选择决策以及SFS策略的采取决策。针对上述研究问题,通过进一步的文献研读和分析,形成四方面的研究内容。线上渠道的展厅服务策略方面,首先考虑渠道间搭便车的存在,探讨二级供应链结构下在线零售商展厅开设决策；然后,展厅开设后,考虑产品间搭便车的存在,剖析零售商展厅内的最优服务策略。线上渠道的退货管理方面,研究在线零售商最优全渠道退货管理策略的选择决策。对于线下渠道的线上化转型,考察双渠道零售商在不同疫情防控状态下的SFS策略采取决策。

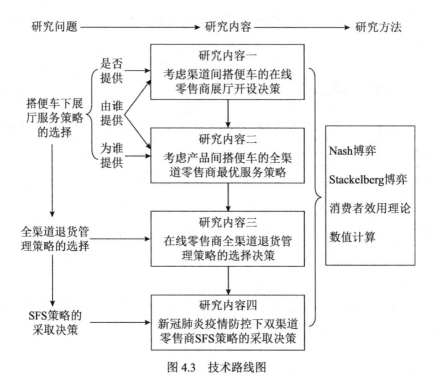

图4.3 技术路线图

[示例 4.11 点评]

从学位论文提出的3个问题出发，分别对应4项研究内容，采用相近的研究方法进行研究，形成清晰的技术路线。

尽管专业硕士学位一般很少用到严格意义上规范研究和实证研究的科学方法，但是也常常需要根据问题的特征，采用某些结构化或者定量分析方法。比如几乎所有商学院学生都无师自通的PEST模型、五力模型、SWOT分析；比如常常用于指标体系评价的层次分析法，或者模糊层次分析法；还有其他相关的计量模型、统计分析，等等。这些研究方法的共同特征是相对于具体的研究内容有明确的针对性和独特性，而不像上述所提到的比较分析法、实地调查法、现场访谈法、逻辑分析法、定性定量相结合的研究方法等是放之四海而皆准。至于文献研究法和案例研究法作为系统的研究方法，本身也是有针对性的，并非常人所理解的所谓文献或者案例或者可以无师自通。

当然也有某些学科、专业、研究方向或者研究问题完全是基于定性的、思辨的实践经验总结，没有应用结构化或者定量的研究方法。即便如此，也有必要从学术或者专业的角度分析、理解、解释相关管理实践并加以提炼乃至提升。而管理学从高层的战略管理到底层的运营管理，都有相对丰富和成熟的理论和方法可以支持这样的研究。这也正是学历学位教育的目的所在，否则就成了工作总结、工作报告，而非学位论文。

[示例4.12]　专业硕士学位论文《新冠疫情下Y食品产业园生鲜冷链物流的风险管理》的研究方法[4]

根据本文各项研究内容的特点和要求，分别采用以下研究方法。

（1）事故致因理论：运用于风险识别研究。即通过分析冷链物流运作各环节风险形成机制和原因，找出风险影响因素。具体做法是，首先对

Y食品产业园生鲜冷链物流过程中的冷链供应、冷链口岸、冷链加工包装、冷链运输配送、冷链仓储、冷储销售各环节逐项分析潜在风险，探究各潜在风险的成因，并将各项因素进行归类。

（2）专家访谈与问卷调查法：专家访谈法运用于风险指标因素互相的影响关系确认，通过访谈物流与供应链管理方向的专业人士，召集专家共同探讨确定风险指标因素之间的影响关系大小，得出风险指标直接影响矩阵。问卷调查法用于搜集各风险指标表现情况的数据，依据风险指标体系，设计问卷，向Y食品产业园管理人员发放问卷，得到各指标的原始评价数据。

（3）DEMATEL-ISM模型：用于分析指标之间的递阶结构关系。根据DEMATEL（决策实验分析）法，对每个指标计算其影响度、被影响度，通过计算两者之差得出指标间的因果关系，计算两者之和得出重要程度；运用ISM模型构建指标因素的递阶ISM结构图，根据指标所在层次分别得出直接影响因素、中间影响因素和基础影响因素；在此基础上，运用递阶中心度权重法计算得出各指标因素的权重大小。

（4）云模型：构建生鲜冷链物流风险评估模型。利用黄金分割法确定评语集分布，根据云模型算法，生成评语云以及指标综合云。根据最大相似度原则，确定风险等级，能够解决评价过程中的模糊性和随机性问题。

[示例4.12点评]

作为专业硕士学位论文，一般只需要研究一个问题，此时通常要根据问题的特点采用有针对性的研究方法。作为风险管理问题，风险识别、风险评估是关键，分别需要有针对性的理论和方法进行分析，即采用事故致因理论进行风险识别，应用专家访谈和问卷调查的方法收集数据，应用结构化定量模型确定因素之间的关系，应用云模型构建风险评估模型等。

4.6 论文结构

在介绍完学位论文的研究问题、研究意义、研究内容、研究方法、技术路线之后，作为导论的第 1 章最后一节通常要介绍论文的章节结构，即按章节顺序说明各章节的具体内容，使读者能够概览学位论文的全貌。

论文的章节结构不是研究内容，更不是技术路线。研究内容和技术路线反映的是研究的对象、方法和逻辑，章节结构呈现的是反映研究过程和结果的书面载体。常常看到学位论文不能区分三者的不同，张冠李戴，如把研究内容写成论文结构，或者把技术路线写成论文结构。

［示例 4.13］ 博士学位论文《开放式创新社区的创意管理研究》的论文结构[3]

根据上述分析，本文的章节安排详述如下。

第 1 章，绪论。简要概述研究背景，据此提出研究问题及意义，然后阐述研究内容及结构安排，最后对文中涉及的方法做出说明，并绘制技术路线图。

第 2 章，文献综述。分别从背景、定义、分类入手，对开放式创新理论和用户创新理论进行整理分析。随后综述与 OIC 和创意管理相关的研究，得出本文 OIC 的定义，并在此基础上对创意管理流程进行分类，阐述不同阶段的管理重点。

第 3 章，OIC 中的反馈有效性研究。从反馈的角度研究如何促使新进入者持续地参与创新活动。本文考虑社区管理者和用户两类群体的反馈行为对新用户提交创意的影响，并验证这两类群体的交互效应，通过 Cox 回归对模型进行检验。

第 4 章，OIC 中的创意语言信号对互动行为的影响。从语言信号的视角出发，研究什么样的创意内容才能激发社区中的交互行为。将创意文本信号分为情感型和信息型两大类，基于信号理论构建研究假设，分别借助 Logistic 回归和负二项回归模型进行假设检验。

第 5 章，OIC 的创意采纳影响因素分析——基于 Steam 平台的研究。以详尽可能性模型为理论基础，应用 Logistic 模型进行数据分析，从中心路径和边缘路径两方面出发，提出影响企业创意采纳的影响因素。在创意筛选阶段大量创意聚集、信息过载的情况下是非常有必要的，能够筛选出大量不符合要求的创意，节省企业人力、物力等资源消耗。

第 6 章，OIC 中创意采纳的影响因素研究——基于语言风格的视角。从文本写作风格入手，探讨创意内容中不同的语言特征对企业采纳创意的影响。本文考虑负向情绪性、自我导向性、认知导向性和未来导向性这四类创意文本的写作风格对创意采纳的影响，并通过 Logistic 回归对研究模型进行检验。

第 7 章，创意质量的影响因素研究——元分析的证据。使用元分析考察创意质量的影响因素。首先对现有研究进行综述，总结出创意质量的主要影响因素；然后，通过元分析方法探讨这些影响因素和创意质量的关系；最后，通过亚组分析研究创意质量测度、平台类别和创意类型三个调节变量的调节作用。

第 8 章是结论，总结研究工作和结论，说明研究创新点，展望未来研究方向。

论文的结构如图 4.4 所示。

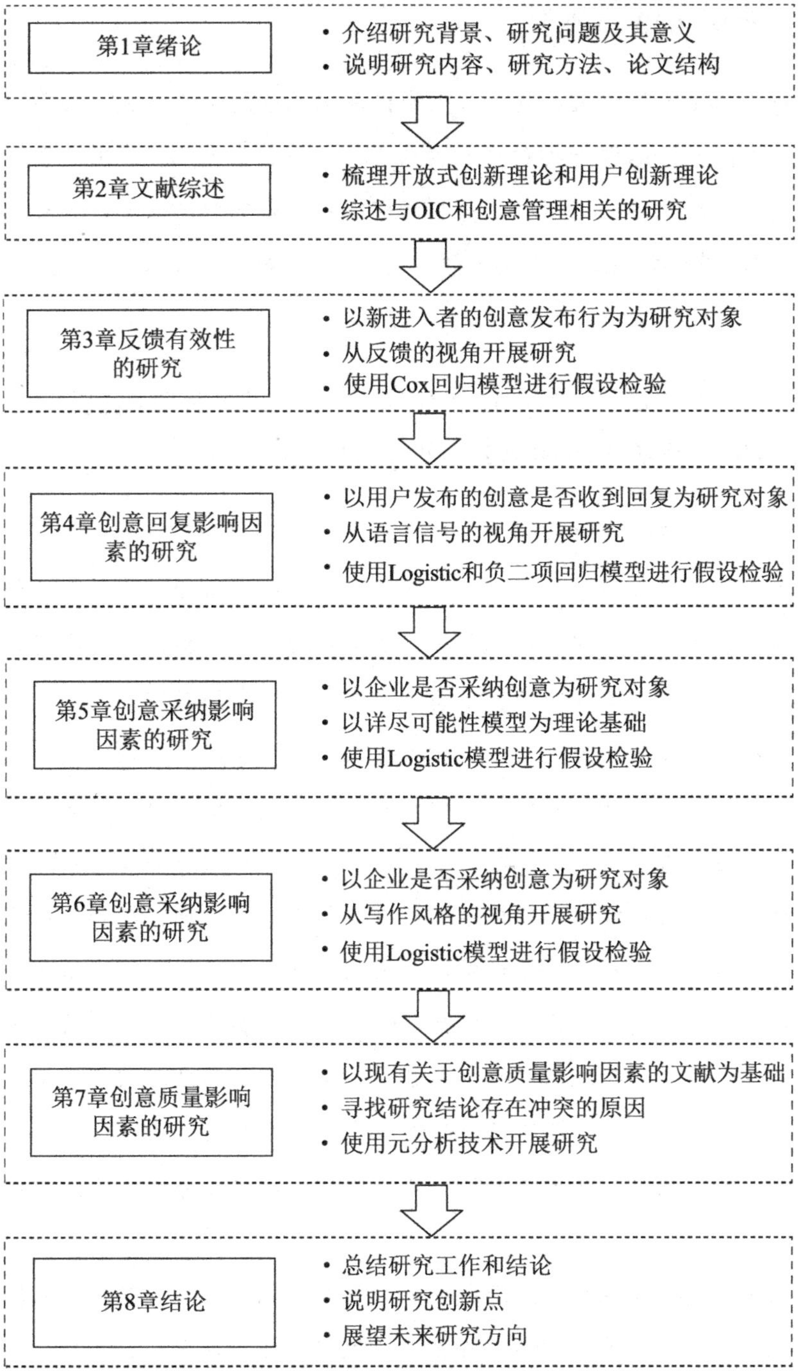

| 第1章 绪论 | • 介绍研究背景、研究问题及其意义
• 说明研究内容、研究方法、论文结构 |

| 第2章 文献综述 | • 梳理开放式创新理论和用户创新理论
• 综述与OIC和创意管理相关的研究 |

| 第3章 反馈有效性的研究 | • 以新进入者的创意发布行为为研究对象
• 从反馈的视角开展研究
• 使用Cox回归模型进行假设检验 |

| 第4章 创意回复影响因素的研究 | • 以用户发布的创意是否收到回复为研究对象
• 从语言信号的视角开展研究
• 使用Logistic和负二项回归模型进行假设检验 |

| 第5章 创意采纳影响因素的研究 | • 以企业是否采纳创意为研究对象
• 以详尽可能性模型为理论基础
• 使用Logistic模型进行假设检验 |

| 第6章 创意采纳影响因素的研究 | • 以企业是否采纳创意为研究对象
• 从写作风格的视角开展研究
• 使用Logistic模型进行假设检验 |

| 第7章 创意质量影响因素的研究 | • 以现有关于创意质量影响因素的文献为基础
• 寻找研究结论存在冲突的原因
• 使用元分析技术开展研究 |

| 第8章 结论 | • 总结研究工作和结论
• 说明研究创新点
• 展望未来研究方向 |

图 4.4　论文结构

［示例 4.13 点评］

作为博士学位论文，第 1 章为导论、第 2 章为文献综述、最后一章即第 8 章为结论，这属于相对固定的结构，从第 3 章至第 7 章的 5 章，各章各自是一个相对独立的研究问题和研究内容，有各自的研究结果和结论。逻辑上符合第 1 章导论所提出的研究问题、研究内容和技术路线，层次分明，逻辑清晰，内容丰富，工作量充足。

［示例 4.14］ 专业硕士学位论文《新冠肺炎疫情下 Y 食品产业园生鲜冷链物流的风险管理》的论文结构[4]

本文由如下六章组成。

第 1 章是引言，由研究问题及意义、研究内容与方法、论文结构三部分构成。首先介绍研究问题的背景，基于背景得出在新冠肺炎疫情的影响下，Y 食品产业园生鲜冷链物流面临着来自内外部的挑战，需要加强对冷链物流的风险管理。为此提出新冠肺炎疫情下 Y 食品产业园冷链物流风险管理的研究问题，并针对该问题对研究内容进行细致的介绍并提出相应的研究思路与方法。

第 2 章是文献综述。首先以生鲜冷链物流为关键词，对相关研究进行综述，并给出本文对生鲜冷链物流的定义，接着回顾了新冠疫情与生鲜冷链物流的相关研究，得出新冠肺炎疫情对供应链管理的影响以及对生鲜冷链物流的影响，最后从风险识别与分类、风险评估和风险控制三个方面分析生鲜冷链物流风险管理的研究现状，并重点回顾 DEMATEL-ISM 模型和云模型的应用研究，为本文的研究思路指明方向，并为研究方法提供参考基础。

第 3 章是对新冠肺炎疫情影响下 Y 食品产业园生鲜冷链物流的风险识别，在本部分首先对 Y 食品产业园进行概况介绍，调研产业园的生鲜冷链物流发展，以及新冠疫情下园区生鲜冷链物流面临的风险管理问题，然后通过对冷链供应、口岸、加工包装、运输配送、仓储、销售各个运作环节展开梳理潜在风险，最后基于事故致因理论识别出各个环节潜在风险的影响因素。

第4章是对新冠肺炎疫情下Y食品产业园生鲜冷链物流进行风险评估，根据第3章识别出的风险因素，并结合文献研究确定最终评价指标，构建合理的风险评估指标体系。然后基于DEMATEL-ISM模型确定风险影响因素的递阶结构关系，得出不同影响因素的递阶层次关系，并据此利用递阶中心度权重法得出各指标因素的权重，结合云模型构建风险评估模型，最后根据Y食品产业园的指标得分情况计算风险评估结果，确定风险等级。

第5章是Y食品产业园生鲜冷链物流风险控制研究。依据风险评估结果，针对风险严重程度，依次提出相对应的风险应对措施，并从产业园整体角度提出了风险管理改进建议，从而为新冠肺炎疫情下Y食品产业园生鲜冷链物流提供完整的风险管理方案。

第6章为全文的结论。本章回顾新冠肺炎疫情下Y食品产业园生鲜冷链物流风险管理的研究思路，对本文所展开的工作进行总结。同时，本章还对本文研究存在的局限性和不足以及对特殊突发事件情景下生鲜冷链物流风险管理更深层次的研究进行展望。

［示例 4.14 点评］

作为专业硕士学位论文，该文的第1章为引言、第2章为文献综述、最后一章即第6章为结论，符合学位论文的基本结构要求。需要说明的是，如前所述，专业硕士学位论文并不需要文献综述作为独立的一章，只需要在第1章增加第2节研究现状即可。但由于该文文献综述的内容较为丰富和充分，篇幅较大，因此也可独立成章。此外的第3章至第5章分别根据研究内容的要求，按照风险识别、风险评估、风险控制的逻辑展开。

4.7 本章小结

本章讨论学位论文第 1 章导论的要素和结构。以问题导向为原则的学位论文，首先应该提出学位论文的研究问题，并从理论和实践两个方面阐明问题的研究意义。在此基础上，给出对应的研究内容和研究方法，最后说明论文的章节结构。

作为一个例外，由于专业硕士学位论文主要应用现有的理论和方法解决真实企业的管理问题，其问题主要来源于管理实践而非文献，其研究意义也在于解决实际的管理问题。因此，重要的是说明相关行业管理的实际情况，辅以相关理论和方法的研究现状，可以以"研究现状"为题，作为导论的第 1 节 "研究问题及其意义"之后的第 2 节内容。事实上，文献综述的目的总体上也是给出研究现状，进而表明进一步研究的必要性和可行性。因此，质疑学位论文没有文献综述甚至理论基础确无必要。而作为学术型学位论文，尤其是博士学位论文，文献综述一般独立成章，置于第 2 章。

在确认学位论文研究问题及其意义，或者从研究现状的角度说明进一步研究必要性之后，根据问题的特点，提出具体的研究内容及其对应的研究方法，在此基础上形成研究的技术路线。单一问题的研究内容依据的是与问题相关的研究过程，多问题的研究内容由子问题构成，每个子问题可能采用相同或者不同的研究方法，具体视问题的性质而定。研究内容非论文的章节结构，但与学位论文导论之后的本论密切相关。这正是下一章要讨论的问题。

第 5 章 学位论文的本论

5.1 导论

5.2 学术型学位论文的本论

5.3 专业硕士学位论文的本论

5.4 本章小结

5.1 导　　论

学位论文的主体包括导论（含文献综述）、本论和结论三大部分，其中几乎所有的学位论文的导论和结论有相对固定的结构和表述逻辑，而学位论文的核心部分本论则有很大的不同。学位论文的本论实际上对应的是学位论文的研究内容。不同的研究内容对应不同的研究方法，不同的研究方法又有不同研究过程（步骤），构成技术路线。同时，由于学术型学位论文、专业硕士学位论文的研究内容各自有不同的特点和要求，因此，学术型学位论文和专业硕士学位论文的本论有各自不同的结构和表述逻辑。

本章分别讨论学术型学位论文和专业硕士学位论文的本论，即学位论文核心部分的结构和表述逻辑。

5.2　学术型学位论文的本论

学术型学位论文包括学术型硕士学位论文和博士学位论文两种类型。其中，学术型硕士学位论文一般只研究一个问题，其本论的结构与所采用的研究方法有关。博士学位论文一般有多个子问题，分别构成本论的各章内容。多个子问题可能采用相同的研究方法，也可能采用不同的研究方法，因此，各章的内容本身就是一个完整的学术论文，其结构又与所采用的研究方法有关。总体上看，管理学研究方法主要分为实证研究方法和规范研究方法两类。由于方法本身的特点，都有各自的表述逻辑和特定的结构。

本节分别介绍实证研究方法的本论、规范研究方法的本论和多问题学位论文的本论。

5.2.1 实证研究方法的本论

实证研究方法有多种方法，各种方法有各自的特点，有不同的步骤和技术路线。总体上看，都包括研究假设、研究设计和实证分析等三大步骤。

其中，研究假设就是要提出研究的分析框架，根据现有理论或者提出新的假说，确定待检验的因果关系；研究设计是要说明变量、数据和计量模型，提供因果关系识别与推断的框架和策略。实证分析是通过描述性统计对相关关系进行分析，提出尝试性的猜想；通过诊断性检验对计量模型进行统计分析，验证计量模型的合理性；通过回归分析估计计量结果，识别因果关系；对有识别难度的估计结果进行计量处理，排除计量问题对假设的干扰；通过稳定性检验，对不同环境进行再估计，增强假设的稳健性。

因此，实证研究方法本论的章节结构就包括研究假设、研究设计和实证分析等三章内容。写法也许不同，但是结构大致如此。具体到问卷调查、实验研究、内容分析、扎根理论、访谈研究等都有其特定的细化步骤[7]。

后续示例 5.1 将给出实证研究方法的一个示例。

5.2.2 规范研究方法的本论

规范研究方法总体上包括模型建立、模型求解、模型分析等 3 个步骤。

其中模型建立首先要进行模型假设，即根据对问题的初步观察，根据研究的需求，提出合理的、简化的假设。与实证研究方法不同的是，这种假设是研究的前提和基础，而不是需要验证的结果。除非在这样的假设前提下，模型推演的结果不符合实际或无法解释，或者无法得到解析的或者数值的结果，此时就要修改（放宽或者进一步简化）这样的假设，直至得到合理的模型推演结果。在此基础上，用恰当的数学模型描述假设中提出的各个变量之间的数学关系和逻辑关系，由此把一个管理问题转化为一个数学问题，此后在模型求解阶段得到更为简洁、可解释的结果。在求解过程中，有时还需要应用数值求解的方法求得数值解，或给出具体的算例。特别是针对无法得到解析解的情况，或者用数值解更加直观地验证某些特定点的结果。最后在模型分析阶段针对管理问题进行详尽的分析，解释管理现象或提出管理决策方案。

因此，规范研究方法本论的章节结构就包括模型建立、模型求解、模型分析等三章的内容。

后续示例 5.2 将给出规范研究方法的一个实例。

5.2.3 多问题学位论文的本论

学术型学位论文尤其博士学位论文一般来说有多个问题，问题之间有一定的相关性，或者一个问题下有多个子问题。此时，多个问题可能采用的是相同的研究方法，如都是实证研究方法或者都是规范研究方法。多个问题也有可能根据问题的性质不同，采用不同的研究方法，有的问题采用的是实证研究方法，有的问题采用的是规范研究方法。在这种情况下，对研究生的能力要求较高。一般来说，能熟练掌握一种类型的研究方法已经很不容易，要同时掌握多种研究方法并加以应用难度更大。但是根据研究的需要，这种情况也越来越多地出现。

多问题学位论文本论的章节结构一般以独立的子问题作为一章的内容，各章的节、目安排根据各章的问题所采用的研究方法的特点进行安排。

示例 5.1 和示例 5.2 分别展示的是实证研究方法和规范研究方法本论的章节目录。

[示例 5.1] 博士学位论文《开放式创新社区的创意管理研究》本论的章节目录[3]

3 开放式创新社区的反馈有效性研究

3.1 问题的提出

3.2 理论背景与研究假设 3.2.1 反馈与用户参与 3.2.2 研究假设

3.3 研究设计 3.3.1 样本选择与数据收集 3.3.2 变量定义及测度 3.3.3 研究方法

3.4 实证分析 3.4.1 描述性统计及相关性分析 3.4.2 回归结果 3.4.3 稳健性检验

3.5 讨论 3.5.1 主要发现 3.5.2 理论贡献 3.5.3 管理启示 3.5.4 研究局限与未来研究方向

3.6 本章小结

4 开放式创新社区的创意语言信号对互动行为的影响研究

4.1 问题的提出

4.2 理论基础与研究假设 4.2.1 理论基础 4.2.2 研究假设

4.3 研究设计 4.3.1 样本选择与搜集 4.3.2 变量定义及测度 4.3.3 研究方法

4.4 数据分析与实证结果 4.4.1 描述性统计分析 4.4.2 回归结果

4.5 讨论 4.5.1 主要发现 4.5.2 理论贡献 4.5.3 管理启示 4.5.4 研究局限与未来研究方向

4.6 本章小结

5 开放式创新社区的创意采纳影响因素分析——基于 Steam 平台的研究

5.1 问题的提出

5.2 相关研究评述

5.3 理论分析与研究假设 5.3.1 详尽可能性模型 5.3.2 研究假设

5.4 研究设计 5.4.1 数据来源 5.4.2 变量衡量 5.4.3 研究方法

5.5 实证结果 5.5.1 描述性统计 5.5.2 回归结果 5.5.3 稳健性检验

5.6 讨论 5.6.1 主要结论 5.6.2 理论贡献 5.6.3 管理启示 5.6.4 研究局限与未来研究方向

5.7 本章小结

6 开放式创新社区中创意采纳的影响因素研究——基于语言风格的视角

6.1 问题的提出

6.2 理论背景与研究假设 6.2.1 文本写作风格与创意采纳 6.2.2 研究假设

6.3 研究设计 6.3.1 样本选择与数据收集 6.3.2 变量定义及测度 6.3.3 模型设计

6.4 数据分析与实证结果 6.4.1 描述性统计分析 6.4.2 回归结果 6.4.3 稳健性检验

6.5 讨论 6.5.1 主要结论 6.5.2 理论贡献 6.5.3 管理启示 6.5.4 研究局限和未来展望

6.6 本章小结

7 创意质量的影响因素研究——元分析的证据

7.1 问题的提出

7.2 文献回顾与研究假设 7.2.1 创意质量的定义 7.2.2 影响创意质量的因素 7.2.3 创意相关因素对创意质量的影响 7.2.4 用户相关因素对创意质量的影响 7.2.5 潜在调节变量

7.3 研究设计 7.3.1 文献收集与选择 7.3.2 文献编码内容与结果 7.3.3 研究方法

7.4　研究结果　7.4.1　出版偏倚检验　7.4.2　异质性检验　7.4.3　主效应检验　7.4.4　亚组分析

7.5　讨论　7.5.1　主要发现　7.5.2　理论贡献　7.5.3　管理启示　7.5.4　研究局限与未来研究方向

7.6　本章小结

[示例5.1 点评]

该文的本论由5章构成，分别对应该文提出的5个研究问题及其对应的研究内容，采用的都是实证研究方法，因此各章的结构大致相同。但因各章研究内容及其采用的具体实证研究方法有所不同，因此在节、目的安排上也有不同的特点，尤其第7章采用的实证研究方法中文献研究的元分析方法，不同于其他4章的实证研究方法。

[示例5.2]　博士学位论文《新零售模式下全渠道策略的选择研究》本论的章节目录[8]

3　考虑渠道间搭便车的在线零售商展厅开设决策

3.1　问题的提出

3.2　模型构建

3.3　在线零售商不开设展厅　3.3.1　情形NR：零售商提供服务　3.3.2　情形NM：制造商提供服务　3.3.3　线下实体零售商的最优服务模式

3.4　在线零售商开设展厅

3.5　在线零售商的最优决策

3.6　本章小结

4　考虑产品间搭便车的全渠道零售商最优服务策略

4.1　问题的提出

4.2　模型构建

4.3 均衡 4.3.1 仅为一个产品提供服务（策略S、策略R和策略M） 4.3.2 为两个产品均提供服务（策略SR和策略SM）

4.4 最优服务策略 4.4.1 资源有限情形 4.4.2 资源充足情形

4.5 非对称的搭便车强度

4.6 本章小结

5 在线零售商全渠道退货管理策略的选择决策

5.1 问题的提出

5.2 模型构建 5.2.1 在线零售商的退货管理策略 5.2.2 消费者购物行为

5.3 均衡 5.3.1 基准策略：纯线上渠道 5.3.2 反应型策略：线下退货 5.3.3 前瞻型策略：展厅 5.3.4 混合策略：同时实施

5.4 最优策略 5.4.1 三个单一策略间的利润对比 5.4.2 基准策略、线下退货策略和混合策略间的利润对比

5.5 扩展 5.5.1 部分退款政策 5.5.2 顾客承担线上退货运费 5.5.3 差异性的顾客购买麻烦成本和退货麻烦成本

5.6 本章小结

6 新冠疫情防控下双渠道零售商门店配送策略的采纳决策

6.1 问题的提出

6.2 模型构建

6.3 应急性防控：纯线上销售 6.3.1 模型O：未采纳SFS策略 6.3.2 模型OF：采纳SFS策略 6.3.3 最优决策

6.4 常态化防控：双渠道销售 6.4.1 模型OS：未采纳SFS策略 6.4.2 模型OSF：采纳SFS策略 6.4.3 最优决策

6.5 疫情防控状态的影响

6.6 数值算例；6.6.1 SFS渠道单位运营成本和产品价值的影响 6.6.2 线上麻烦成本和SFS渠道覆盖范围的影响

6.7 本章小结

[示例 5.2 点评]

该文的本论由 4 章构成，分别对应该文提出的 4 个研究问题及其对应的研究内容，采用的都是规范研究方法，因此各章的结构大致相同。但因各章研究内容及其采用的具体研究方法有所不同，因此在节、目的安排上也有不同的特点。

5.3 专业硕士学位论文的本论

专业硕士学位论文的本论就是针对专业硕士学位论文的研究内容，其章节结构一般也包括三章的内容：第一，企业现状及问题成因分析；第二，解决方案设计；第三，方案实施及其效果分析。具体内容参见本书 4.4 研究内容一节。

[示例 5.3] 专业硕士学位论文《L 公司非生产性物料采购流程优化研究》本论的章节目录[9]

2　L 公司非生产性物料采购现状

2.1　L 公司及其非生产性物料采购简介　2.1.1　L 公司及 L 公司采购部简介　2.1.2　L 公司非生产性采购内容　2.1.3　L 公司非生产性采购现状

2.2　非生产性采购流程介绍　2.2.1　新增物料采购前期流程　2.2.2　需求申请至收货入库流程　2.2.3　采购结算流程

3　L 公司非生产性物料采购流程分析

3.1　新增物料采购前期流程分析　3.1.1　物料代码申请流程　3.1.2　供

应商开发流程　3.1.3　采购合同签订流程

3.2　需求申请至收货入库流程分析　3.2.1　线下采购流程　3.2.2　线上采购流程

3.3　采购结算流程分析

4　L公司非生产性物料采购流程优化方案

4.1　非生产性物料采购流程优化设计的目标和原则　4.1.1　非生产性物料采购流程优化设计的目标　4.1.2　非生产性物料采购流程优化设计的原则

4.2　基于ESIA分析法的现有采购流程优化设计方案　4.2.1　新增物料采购前期流程优化　4.2.2　需求申请至收货入库流程优化　4.2.3　采购结算流程优化

5　L公司非生产性物料采购流程优化方案的实施

5.1　优化方案实施的保障措施

5.2　优化方案实施的预期效果分析　5.2.1　新增物料采购前期流程　5.2.2　需求申请至收货入库流程　5.2.3　采购结算流程　5.2.4　整体实施效果分析

［示例 5.3］点评

该学位论文为专业硕士学位论文，没有独立的文献综述作为第 2 章的内容，以研究现状为题作为第 1 章的第 2 节。因此，第 2 章直接进入学位论文的本论，以 L 公司非生产性物料采购现状为题，对 L 公司及其非生产性物流采购的现状进行介绍和分析。第 3 章分析 L 公司非生产性物料采购的流程，提出需要改进的问题及其原因。这两章的内容都属于专业硕士学位论文本论的第一部分内容——企业现状和问题分析，考虑到内容的特点和篇幅的均衡，分为两章分别论述。第 4 章提出采购流程优化设计方案，第 5 章为采购流程方案优化的实施及其效果分析。

5.4　本章小结

学位论文的本论是学位论文的核心，与学位论文研究内容和研究方法密切相关，其结构和表述逻辑相对于学位论文的导论和结论，更有其独特性，难有一定之规。具体体现在学位论文研究方法的研究过程上。

本章根据学术型学位论文和专业硕士学位论文的特点，分别介绍学位论文本论的章节结构。

表 5.1 给出了各类学位论文本论的章节结构。

表 5.1　学位论文本论的章节结构

论文类型	本论的章节结构
实证研究方法	第 3 章　研究假设 第 4 章　研究设计 第 5 章　实证分析
规范研究方法	第 3 章　模型建立 第 4 章　模型求解 第 5 章　模型分析
多问题研究方法	第 3 章　子问题 1 第 4 章　子问题 2 第 5 章　子问题 3 ……
专业硕士学位论文	第 2 章　企业现状及问题成因分析 第 3 章　解决方案设计 第 4 章　方案实施及其效果分析

学术型学位论文根据单问题或多问题、实证研究方法或规范研究方法的特点，分别按照单问题中的实证研究方法或规范研究方法、多问题学位论文的本论进行分类。其中单问题中的实证研究方法按照研究假设、研究设计、实证分析等三个步骤构成三章的内容。单问题中的规范研究方法按

照模型建立、模型求解、模型分析等三个步骤构成三章的内容。多问题研究方法则以各个子问题为单位构成各章的内容。

专业硕士学位论文由于其应用性的特点，按照企业现状及问题成因分析、解决方案设计、方案实施及其效果分析等三个方面的研究内容构成其本论的章节结构。

第 6 章

学位论文的结论

6.1 导论
6.2 研究总结
6.3 研究结论
6.4 研究创新
6.5 研究展望
6.6 本章小结

6.1 导　　论

学位论文的最后一章一般是结论（conclusion），也有称之为总结（summary）的。结论和总结到底有何区别？仅从中文的语义和使用习惯看，总结常用于工作报告，结论更适合用于基于科学研究或严密论证得出的有一定普遍意义的结果。

作为问题导向的学位论文，最终都要给出科学研究或论证的结果，无论是问题的科学解释，还是问题的解决方案及其效果，由此得到某些管理启示，并给出进一步研究的建议。

因此，学位论文的最后一章一般有三个任务：第一是概要回顾论文所做的研究工作；第二是根据研究的结果给出研究的结论，以呼应第1章导论部分预先声明的研究意义，明确论文的理论贡献和管理启示，突出研究创新；第三是提出进一步研究的方向、内容或方法，也就是常常看到的研究展望。

目前常见的情形是，博士学位论文有两个以上子问题，每个子问题都构成相对独立完整的一章的内容，相当于一篇小论文，每个子问题都有自己的研究结果或结论，并在各章的结论部分呈现。此时，作为整个学位论文最后一章，如果还用结论这样的标题和写法，就不可避免地出现标题乃至具体内容的重复。此时，常常把全文的最后一章称为"总结"，以综合各个子问题的研究内容和研究过程，对整个学位论文的研究工作作出全面的总结：回顾研究工作，得出研究结论的同时说明理论贡献和管理启示，突出研究创新，给出进一步研究的建议。这样就可以在逻辑上层次分明地进行表述，避免与各个子问题所在各章对应的标题和内容重复。

硕士学位论文尤其是专业硕士学位论文，通常只需要研究一个问题，就应该用结论而不是总结作为全文最后一章的标题，而且通常并不需要（因为不太可能）说明理论贡献或研究创新，只要能给出一定的管理启示即可。

表 6.1 分别列出了博士学位论文和硕士学位论文结论的章节结构。每种类型都有三种结构。示例 1、示例 2 与示例 3 的差别在于将研究结论和研究总结合并为研究结论或研究总结，因为总结之后给出结论也符合表述逻辑，层次分明。特别适合于研究总结或研究结论各自篇幅不足以构成一节的分量时，且结构更加紧凑，一气呵成。

表 6.1 学位论文结论的章节结构

论文类型	结论的章节结构		
	示例 1	示例 2	示例 3
博士学位论文	第 6 章　结论 6.1　研究结论 6.2　研究创新 6.3　研究展望	第 6 章　结论 6.1　研究总结 6.2　研究创新 6.3　研究展望	第 6 章　结论 6.1　研究总结 6.2　研究结论 6.3　研究创新 6.4　研究展望
硕士学位论文	第 5 章　结论 5.1　研究结论 5.2　研究展望	第 5 章　结论 5.1　研究总结 5.2　研究展望	第 5 章　结论 5.1　研究总结 5.2　研究结论 5.3　研究展望

本章以下各节分别讨论结论一章的研究总结、研究结论、研究创新和研究展望等部分的具体内容。

6.2　研究总结

如前所述，作为学位论文的最后一部分即最后一章，首先要回顾和总结学位论文所做的研究工作，从选题及其意义开始到研究内容、研究方法、研究过程和研究结果，为后续的研究结论提供铺垫或依据，也是对第 1 章导论相关内容的呼应，即第1章导论提出的研究问题、研究内容、研究方法和技术路线是否实现？如何实现？有何结果？能得出什么样的结论？这部分内容常常不可避免地"重复"第1章导论的相关内容，甚至与后续要讨论的摘要内容有类似之处，常常给研究生带来困惑：究竟它们之间有何区别和联系？如何避免简单的文字重复？抑或是否允许部分或多大程度的文字重复？

首先，从目的上看，结论部分重述学位论文的研究问题、研究内容、研究方法、研究过程，与第1章导论相关内容的目的不同，表述的方式当然也可以不一样，不必要甚至不能简单地"重复"。

其次，在文字篇幅上有更多的不同。尽管导论和结论的逻辑顺序不同，但是在写作的时间上可能没什么不同——因为一般都是在完成了学位论文的主要研究工作之后才能有足够的信息撰写学位论文。相较于学位论文的开题报告，学位论文一般只能部分实现研究计划，当然也可能超额或者更为深入地实现开题报告提出的研究问题、研究内容、研究方法和技术路线。但是从读者的角度看，阅读的顺序可能恰好相反，读者可能更关心的是研究的结果，可能没有足够的耐心先阅读洋洋洒洒的第1章导论的内容，而摘要的内容尽管相对完整，但由于篇幅所限，可能只是点到为止，甚至语焉不详，读者往往可能先跳到最后一章结论部分，此时结论部分的研究总结就起到了重要的作用——不仅是构成学位论文整体结构的必要组成部分，也能起到吸引读者的作用。其表达的要素和逻辑与导论和摘要亦有所不同。如果说导论的重点在于研究问题及其意义、研究内容和研究方法及论文结构，而摘要则需要在研究问题、研究内容、研究方法、研究过程和研究结果之间保持一定的平衡，研究总结则重点在于研究的实现过程及其结果，同时为后续的研究结论打下基础。

研究总结如果篇幅充分，有必要单列为最后一章结论的第1节，如果篇幅较为短小，则可以作为研究结论的先导，以引出整个学位论文的结论。

6.3 研究结论

如前所述，作为以问题导向的研究工作及其成果为基础的学位论文最终要呈现的是研究的结论。研究是为了回答或解决问题，一项研究工作如果没有结果就得不出结论，没有结论的学位论文是不完整的，也就失去了研究的意义。

结果和结论有何区别和联系？

（1）结果是针对具体的研究内容给出的直接的结果，通常可以表述为数量化的形式。在学术型学位论文中，如实证研究中统计分析的结果，用统计学的语言验证某些因素之间存在相关关系，或者规范研究中，用特定的函数形式表达变量之间的变化规律。在以解决实际问题为目的的专业硕士学位论文中，一般要给出体现解决方案实施后的效果的绩效指标，以证明企业经营效益的提高，如产量的增加、销售量的增加、市场占有率的扩大、产品质量的提高、财务指标的提升等。

（2）结论是针对研究问题的，能够解释或解决导论中提出的问题。结论需要从具体研究内容的研究结果中引申出来，可以表述为定性的规律，具有一定程度的普遍意义，也为后续的理论贡献或管理启示提供依据。

[示例6.1] 博士学位论文《开放式创新社区的创意管理研究》的研究总结和研究结论[3]

本文以开放式创新理论、用户创新理论为基础，参照阶段—门理论，深入探讨了企业基于OIC的创意管理流程，将其视为由创意收集、创意互动和创意筛选形成的完整闭环。在研读已有文献的基础上，结合企业的现实情况，提出了各个阶段的管理重点和尚未解决的问题。其中，第三章聚焦于创意收集阶段，以社区中的新用户为研究对象，探讨了社区用户反馈和社区管理者反馈对新用户后续提交创意行为的影响。第四章聚焦于创意互动阶段，以创意文本的语言信号为研究对象，探讨了创意发布者使用什么样的语言信号才能够引起社区成员的回复行为，获取社区支持。第五、六、七章的研究都聚焦于创意筛选阶段；第五章以 ELM 为理论基础，探讨 OIC 中所呈现出的创意特征对企业采纳的影响；第六章以创意文本写作风格为研究对象，探讨了写作风格对企业采纳创意的影响；第七章通过归纳现有研究的结论，厘清了现有影响创意质量的因素中存在争议的部分，并解释了这一争议出现的原因。本文得到如下主要结论。

（1）在创意收集阶段，本文第三章使用从梦幻西游手游社区爬取的创意数据和用户数据，借助 Cox 回归模型研究了反馈对新用户后续参与行为的影响。实证结果表明：首先，社区管理者反馈能够显著促进新进入者的后续参与，而社区其他用户反馈无显著影响；其次，将反馈分为详尽性反馈和认知性反馈，研究结果表明社区管理者的认知性反馈和社区其他用户的详尽性反馈能够显著促进新进入者的后续参与，而社区管理者的详尽性反馈和社区其他用户的认知性反馈对新进入者的后续参与无影响；最后，尽管社区管理者反馈对新用户的后续参与无影响，但它与社区管理者反馈的交互作用却显著负向地影响新用户的后续参与行为，即二者之间存在相互替代的关系。

（2）在创意互动阶段，本文第四章基于信号理论构建研究模型，使用从华为"花粉俱乐部"社区爬取的创意数据和用户数据，通过 Logistic 和 NB 回归分析研究了创意语言信号对回复行为的影响。研究结论发现了创意文本的语言特征对两大类群体——社区版主和社区成员的不同影响机制。对于社区版主，在情感型信号中，语言风格匹配和负向情绪能够显著地促进版主的回复行为，而创意的不礼貌性则是负向影响该行为的；在信息型信号中，创意质量能够正向影响版主回复，创意长度与版主回复之间则呈现倒 U 型曲线的关系。对于社区用户，情感型信号中只有负向情绪能够对用户回复产生正向影响，而语言风格匹配和不礼貌性则对其无影响；在信息型信号中，创意长度与用户回复之间有 U 形曲线的关系，而创意质量则负向影响用户回复。

（3）在创意筛选阶段，本文第五章以 ELM 为理论基础，将影响企业创意采纳的因素分为中心路径和边缘路径两大类，使用 Steam 平台 Dota2 创意工坊的数据，通过 Logistic 回归分析不同因素对企业采纳创意的影响。研究结果表明，中心路径方面，创意详尽性与创意采纳之间有倒 U 形关系，图片数量与创意采纳之间有 U 形关系，视频数量与创意采纳之间有负向关系；边缘路径方面，用户先前成功经验、合作人数、创意更新次数和流行度均显著促进创意采纳；此外，先前成功经验与合作人数的交互效应负向影响创意采纳。

（4）在创意筛选阶段，本文第六章以创意文本的写作风格为切入点，使用从梦幻西游电脑版社区爬取的创意数据和用户数据，借助 Logit 模型探讨了用户创意内容的负向情绪性、自我导向性、认知导向性、未来导向性对管理者创意采纳的影响。研究结果表明社区用户创意文本中所表达的语言风格确实起到了"信号"的作用，可以成为企业筛选创意的依据。具体来说，创意内容的负向情绪性、认知导向性对管理者的创意采纳行为具有正向显著的影响，而自我导向性和未来导向性对创意采纳的正向影响不显著。

（5）在创意筛选阶段，本文第七章系统总结了现有关于创意质量影响因素的研究成果，将文献中考察的影响因素归纳为创意相关特征和用户相关特征两大类。在汇总文献时发现即使是相同的变量，不同研究所得出的结果也不一致，为此，本章采用元分析的方法，通过对国内外 38 篇文献中的样本数据进行定量再分析，探讨了这两类特征对创意质量的影响，并进而探究创意质量衡量方式、平台类别和创意类型的潜在调节效应。检验结果发现，创意特征方面，创意长度、创意支持证据、创意收到的投票和评论数均对创意质量有显著的促进作用，其中影响最大的是创意收到的投票数；用户特征方面，用户先前成功经验、先前创意和评论数量均对创意质量有显著的促进作用，其中影响最大的是用户先前评论数；通过亚组分析得出，创意质量衡量方式、平台类别和创意类型的不同是导致相关研究结论存在差异的重要因素；具体而言，创意质量的衡量方式显著调节创意长度、创意支持证据、创意收到的评论数量和用户先前创意数量对创意质量的影响，平台类别显著调节创意长度和用户先前创意数量对创意质量的影响，创意类型有效调节创意长度、创意收到的投票数、创意收到的评论数和用户先前创意数量对创意质量的影响。

[示例 6.1 点评]

第一段为研究总结，按章节顺序说明针对五项研究内容的研究过程，由于篇幅有限不足以作为独立的一节内容，故作为研究结论一节的先导，引出五项研究内容分别得出的五个研究结论，从而回答了导论所提出的五个研究问题。需要说明的是，采用实证研究方法的各项统计结果已经在各章呈现并做了详细的分析，此处不再重复研究结果，只说明研究结论。

[示例 6.2] 专业硕士学位论文《X 银行电子银行系统建设项目的进度管理研究》的研究总结和研究结论[6]

随着金融科技快速发展，信息系统架构正在往分布式、微服务方向大力发展，信息系统建设日趋复杂。如何在信息系统建设项目实施中保证项目进度成为影响项目的主要问题。本论文以作者亲历的 X 银行的电子银行建设项目为研究对象，在该项目中作者作为 PMO 的主要成员，共同制定项目进度计划管理方案。通过理论与实践相结合，通过研究国内外文献在软件项目进度方面的方法,并结合作者在该项目实施中所采用的瀑布式方法与 Scrum 方法相结合的软件开发生命周期方法,迭代推进项目计划制定,采取有效的进度控制手段,解决 X 银行电子银行系统项目建设中进度计划不确定性、项目时间紧、系统间关系复杂引起的进度问题。主要研究结论如下。

（1）项目进度计划方面

敏捷方法采用对价值高的用户故事进行 Sprint 冲刺开发,每次迭代逐步交付用户成果的方式可有效解决因技术方案创新、技术复杂度高、需求不明确等造成计划难以确定问题；滚动计划法以"近细远粗"原则,滚动迭代开展项目计划拟定,可减少后续计划的偏差。同时,以功能穿刺方式开展典型功能的开发,可有效解决系统间关系复杂等引起的计划不确定性问题,也有助于项目后续计划的工期估算和形成。

（2）进度控制方面

该项目通过分层进度控制管理,有机整合传统软件项目与敏捷方法的各类进度控制方法,可实现进度偏差的及时发现,并及时采取措施解决偏差,解决技术复杂度引起的进度计划不准确问题,有效缩短项目时间。另外,本文对进度偏差进行了分类,提出了对进度提前的大偏差应开展计划优化,可解决前期任务工期估算不准确影响整体计划缩短的问题。

（3）进度优化方面

在项目执行过程中优化进度计划的方法,包括任务并行、压缩工期等传统方面,同时结合软件项目的特点,提出了可从系统内与系统间的抽取共用功能等架构层面进行进度优化的方法。其中,任务并行与架构优化对项目时间的压缩效果最为明显,可有效缩短项目执行时间。

X 银行电子银行系统建设项目通过采取有效的项目进度管理,有效解决了项目中存在进度计划高不确定性、进度时间紧、系统关系复杂等进度问题,较原计划提前了近 80 天时间完成,达成了项目进度目标。另外,X

银行通过完成电子银行体系的基础平台建设,快速扩展包括在线客服渠道、境外网银与手机银行、ATM、支付宝、微信支付等电子渠道,有力支撑了线上业务快速发展。并且,X银行通过此次电子银行系统建设项目的实施,各类进度计划管理与进度控制方法将可用于解决大型软件项目实施中团队沟通、厂商管理、需求不确定性、技术复杂度高、多系统实施等影响进度计划的管理难题,进一步丰富和提升了X银行项目进度管理水平。

[示例6.2 点评]

作为专业硕士学位论文,结论部分首先根据研究内容从三个方面对学位论文的研究工作进行总结。最后给出了研究的结果和结论,并针对问题所在企业,给出管理启示。内容完整,层次分明,逻辑清晰。

6.4 研究创新

研究创新常常作为学位论文评审和答辩的重要依据,是学位论文,尤其是博士学位论文不可避免的话题,需要明确加以表述。有的大学学位论文评审表甚至要求研究生逐项明确说明学位论文的创新点,供评审专家评判并确认。没有明确创新点的博士学位论文很可能不能通过学位论文的评审。但是,如何评价和认定学位论文的创新点却是一个颇具争议的问题。在学术论文的评审中,我们也常常看到"没有明显的创新"这样常见的拒稿词,尽管常常是语焉不详,却也成为拒稿的利器,让人无话可说,无可辩驳。究其原因,是对"创新"这个词有不同的理解和把握。

创新这个词在公众眼里就是从无到有的发明创造,这是难度极高也是极罕见的事件。学术研究领域也确实追崇0到1的原始创新,但是这样的事情其实极少发生。如此说来，在学位论文中有创新也是极不可能的事情，如何能要求研究生逐项说明并作为评价学位论文的必备标准？

而另一方面，创新这个词作为经济学和管理学的专业术语，却有更为宽松的含义。在经济学和管理学中，创新意指生产要素的新组合实现新的生产方式而获取商业利益，并不一定要是从无到有的发明创造，可以是从有到优的新组合。如此定义似乎也更有可能广泛地实现，也更为现实。

如此看来，创新可以是极为严格的从无到有的创造，也可以是更为宽松的新组合。可以有不同的理解、不同的认知、不同的标准、不同的评判。这可能是其饱受争议的主要原因。需要明确的定义和解读。

按照管理学的特点和要求，人们更关心的是研究的理论贡献和管理启示。只要此项研究在理论上有所贡献，或者对管理实践有所启示，就可以认定此项研究具有一定的创新性。这也正好呼应了第1章导论所阐述的理论和实践两个方面的研究意义。既然导论说明了研究的理论意义和实践意义，结论就要从理论贡献和管理启示两个方面分别对应说明研究的结果是否证实了导论的承诺。

更特别地，理论贡献和管理启示的认定还要以第1章导论中的研究现状或者第2章的文献综述为依据。也就是说，研究现状或者文献综述也为理论贡献和管理启示的认定提供了依据。因为，研究现状或文献综述不仅要从文献和实践的角度说明理论和现实需求的差距，更重要的是这个差距由于本项研究的完成得到了弥补。换言之，本项研究对理论有贡献，对实践有启示。这也是我们建议研究创新（理论贡献和管理启示）放在最后一章结论而不是第1章导论的主要原因，这样才能逻辑清晰、层次分明地表述论文的研究创新。

作为最高学位，博士学位论文不可避免地要求研究创新，主要是理论贡献，当然也可以引申出某些管理启示。作为专业硕士学位论文，由于其培养目标和选题的要求，不能苛求理论贡献，只要有一定的管理启示即可，此时也没必要突出其研究创新,以免争议。作为学术型硕士学位,则介于二者之间,视其选题的理论性或应用性而定,一般也不建议苛求理论创新,因为学术型硕士学位只是个过渡性的学位,其理论训练不足,实践经验不够丰富,有鸡肋之嫌,有可能逐渐消失,至少在顶尖或者一流的高校。

[示例 6.3] 博士学位论文《开放式创新社区的创意管理研究》的研究创新[3]

本文围绕"企业如何利用 OIC 开展创意管理工作,将创新资源转化为持续的竞争优势"这一核心问题,基于现有研究文献和相关理论基础,从不同阶段深入考察了以用户参与为主体的互联网创新平台在管理工作过程中面临的问题。本文的创新点详述如下。

(1)以往研究多侧重于企业内部的创意管理过程,探讨如何提升员工的创造力和积极性,以便更好地进行创意开发。互联网平台的快速发展大大丰富了获取创意的渠道,使得企业的创新活动更具有针对性,但对于这种新兴模式的分析仍然缺乏全面性、系统性。本文以基于信息技术建立起来的创新平台和平台中用户贡献的大量 UGC 内容为切入点,开展创意管理的相关研究,是对信息系统和创新管理领域研究内容的重要补充。

(2)相对而言,作为产品创新前端的创意管理流程仍缺乏科学化、工程化的系统性支持。本文基于开放式创新理论和用户创新理论,提出了面向 OIC 的企业创意管理流程,并指出,创意收集阶段受到用户发布创意积极性的影响,创意互动阶段受到用户参与社区互动的影响,创意筛选阶段受到海量数据的干扰和有限资源投入的制约,由此形成了本文的研究主题,并从用户和创意两方面视角开展了研究。通过对不同阶段现实问题的研究,形成了创意管理的完整闭环,能够有效指导企业的实践活动。

(3)本文从创意反馈的视角出发,以社区中的新用户为研究对象,分析了不同群体的反馈对新用户持续性参与行为的影响。目前研究多集中在通过问卷调研的方法,分析个人的内、外在动机和企业激励政策对用户行为的影响,但是社区的长远发展有赖于管理者的积极引导,仅用主观数据从用户自身角度分析其参与意愿是远远不够的。本文收集了社区中真实的二手数据,应用实证研究方法,揭示了社区用户反馈和社区管理者反馈对新用户提交创意行为的不同影响机制。本文不仅填补 OIC 中用户参与行为的相关研究,而且为企业进一步维系、激励新用户参与到创新中提供了实践指导。

（4）本文从多主体角度分析了如何通过创意文本中传达的信号来促进社区互动,活跃话题讨论度。以往研究多从用户或企业的单一视角出发探讨激发社区互动的影响因素,而忽略了 OIC 的创新过程其实是不同群体之间协同创新的过程。本文将企业 OIC 视为一个由管理者和用户所构成的开放式创新系统,爬取社区中的客观数据,通过实证研究方法的使用,得出影响用户—版主与用户—用户之间互动的因素,即不同语言信号对不同类别群体互动的影响。本文不仅丰富了有关信号理论的应用范围,而且为企业引导用户如何利用语言信号获取社区支持提供了实践指导。

（5）本文从三个视角考察了影响创意筛选的因素。首先,以 ELM 为基础,从中心路径和边缘路径两方面找出 OIC 创意和用户特征中有可能会对创意采纳产生影响的因素,并利用某大型游戏社区创意工坊的数据进行假设检验。以往研究多考虑单一用户发布创意,而忽略了不同用户合作创作的情境;且在用户拥有成功经验之后如何更好地进行后续创作的研究也存在空白。本文不仅验证了部分现有研究中所考察的因素对创意采纳的影响,同时也弥补了现有研究的不足之处,拓宽了研究情境。

其次,从创意文本的写作风格出发,参考现有研究中对写作风格特征的分析,提出了 OIC 情境下影响企业采纳创意的语言特征,并通过实证研究证实了不同特征的影响差异。现有研究多考虑平台中直观的结构化数据的影响,而对非结构化数据的研究还明显不足。本文对于创意文本的非结构化数据的分析为未来创意采纳的研究指明了方向，是对现有关于 OIC 研究的深入完善与补充。

最后，通过收集、整理已有实证结果，修正单一研究的测量误差和样本误差，从而得出了关于创意和用户相关因素与创意质量之间更可靠、更稳健、更具普适性的结论。通过亚组分析，探讨了调节变量对这些因素和创意质量之间关系的影响，回答了现有研究存在冲突的原因，为企业管理者和平台设计者高效开展创意评价工作、设计平台互动机制提供了有价值的参考。

[示例 6.3 点评]

从 5 个方面说明博士学位论文的创新点。第 1 个创新点涉及论文的选题，第 2 个创新点涉及开放式创新创意管理的流程，第 3、第 4、第 5 个创新点分别涉及论文研究的 5 个具体问题。其中，第 1 和第 2 个创新点有前述文献综述提供依据。第 3、第 4、第 5 个创新点在其分别涉及的问题对应的 5 章中有关于理论贡献和管理启示的具体分析为依据，此处自然地转化为学位论文的创新点。

6.5　研究展望

学位论文的最后一部分就是要提出进一步研究的方向，包括研究内容和研究方法，或者也可以说是对研究的未来进行展望，所以也称为研究展望。也常常看到有学位论文把最后一章称为"结论与展望"，以突出展望，但展望的内容和篇幅都十分有限，有的就是短短几句话，内容也不符合研究展望的要求，甚至都不足以成为单独的一节。

任何一项研究都是有条件的，是在有限的资源和特定情境下完成的，或者说有其局限性，这也就为后续进一步研究的方向提供了空间。进一步研究方向是要从学术本身的逻辑对未来可能的研究内容或方法进行展望，同时也说明了论文研究问题的重要性和可持续性，而非前无古人，后无来者。反过来也证明了论文选题的意义。因为我们知道，一个学者的影响力除了其本身的具体研究成果之外，更重要的是看他对后续研究的影响，是否开辟了新的研究领域，提出了新的研究问题，提出或采用了新的研究方法，等等。这正是学术界尊崇原始创新的原因所在。哪怕原始创新的开端是不成熟的，甚至是粗糙的，只要能为未来的研究提供充分的空间，就是有价值、有意义的。

在提出进一步研究方向时，常常看到一些不必要的谦辞，如由于本人水平有限、能力有限，时间不充分，论文有许多不足之处，一味强调研究的不足和局限性，等等，借以引出进一步研究的方向。这种耕植于中国文化谦逊传统的报告式的表达方式可能会引起不必要的麻烦。既然你自己都承认水平有限、有许多不足、能力有限、没有充分的时间进行研究，为什么还要提交学位论文进行评审和答辩？为什么不把研究和论文做得更充分些？殊不知，论文答辩对应的英文是 defense。论文作者要通过口头答辩证明自己达到了相应学位的学术水平，而不能口诵谦辞，不战而降。

［示例 6.4］ 博士学位论文《开放式创新社区的创意管理研究》的研究展望[3]

本文对企业基于 OIC 的创意管理全过程进行了系统性的研究与分析，不仅丰富了现有关于创新管理领域的研究，也为企业管理者、平台运营者提供了有价值的建议。与此同时，本文涉及的许多方面仍有进一步深入研究的空间。

第一，在研究数据的选择上，本文采用的均是单一样本。虽然本文是基于中国情境的研究，但就现有研究成果来看，发表在国内、国际高质量期刊中的文献多以国外的 OIC 数据为研究样本，就实践情况来看，国外的 OIC 起步较早，目前已发展的较为成熟，而国内开放式创新模式的起步较晚，尚不足以支撑大规模的研究。随着我国基于互联网平台的开放式创新模式的逐渐发展和完善，未来的研究可以扩展场景的选择，对比不同行业、不同类型社区机制的差异，探讨本文的研究结论是否适用于其他平台。此外，由于中西方文化背景的不同，国内外平台的企业性质与发展阶段、运行机制和用户行为习惯等都必然存在差异。未来的研究可以参考本文的研究思路，探讨在其他国家 OIC 的适应性，对比其中可能存在的差异性。

第二，本文的研究情境仅限于企业建立的 OIC，但在创意来源渠道的对比分析中，本文指出，除了 OIC 外，企业内部的意见箱、第三方平台或大众社交媒体等也有可能成为获取创意的渠道。一方面，未来的研究可以采用案例分析的方法，对比不同创意来源渠道中创意质量，或是用户活跃性的差别；另一方面也可以探讨企业在什么样的情况下适用于哪种创意渠道，目前仅发现 Schenk 等对企业自建平台和第三方平台的适用条件进行了对比讨论。

第三，在进行文本特征分析时，本文考虑的是传统文字信息的影响。然而，目前在社区中出现了诸多图片、表情包、链接、音频乃至短视频等特殊的表达形式，且这些表达形式在社区互动和用户传达信息的过程中正变得越来越流行。这超出了本文的技术能力。未来随着大数据分析技术、机器学习算法能力的不断提升，可以考虑对这些特殊表达形式进行分析，以便开展更加深入的研究，找出更有意义的影响因素。

第四，在针对用户的研究中，本文仅探讨了反馈对用户发布创意行为，即对创意数量的影响。然而，对于 OIC 的良性发展来说，创意数量和创意质量这两个因素都是必不可少的，这就引出了对不同贡献度用户的识别问题，即对社区用户进行分类管理、如何维护领先用户的问题。目前多数研究在分析时，仍更多地使用创意数量、长度、投票数、评论数等结构化数据，而对非结构化文本数据的考察较少，未来还有进一步探讨的空间。

第五，在实证研究过程中，本文尽可能控制了能收集到的与创意和用户相关的因素，但仍可能存在一些潜在的遗漏变量并未在本研究中体现出来，如第3章中的游戏流行程度、更新周期等，第4章中的用户类型、参与经验等，第6章中的企业采纳机制、发展程度、外部竞争情况等。未来的研究可以考虑通过企业调研、管理者访谈等途径加入更多的控制变量，以便更好地控制遗漏变量的影响，从而为企业决策提供更准确的建议和指导。

第六，本文在研究过程中是从横截面角度去分析的，关注的是某一时间点平台的创意和用户数据。然而，OIC是不断发展变化的，不同时期的用户参与积极性和社区成熟度必然存在差异。在未来的研究中，可以参考Lee等基于N1汽车论坛10年数据，对社区发展阶段（发展期、活跃期、维持期）的分析，通过获取不同时间段的数据，关注社区长期的动态演变，研究本文中所提出的影响因素的效果是否会随着时间推移而发生改变；同时也可以跟踪研究社区的演变过程，分析在生命周期的不同阶段，社区特点有何差异等，这些对企业管理OIC都具有重要意义，值得更深层次的研究。

[示例6.4点评]

从6个方面分析了进一步研究的可能性，涉及研究问题的具体内容和方法，较为充分和丰富，从一个侧面也显示了该博士学位论文选题的重要意义。

[示例6.5]　专业硕士学位论文《X银行电子银行系统建设项目的进度管理研究》的研究展望[6]

信息系统建设是当前金融科技发展的必由之路，项目进度管理仅是软件项目成功的其中一环，还有很多方面的内容，包括团队成员能力、使用的技术与辅助工具等。本人经过复盘项目推进过程中的得失，还是取得不少收获，尤其是结合当前信息技术快速发展，思考如下。

（1）项目进度管理工具

Project 工具被广泛应用于项目进度的管理，切实提升了当前项目管理的效率。当前市场上并没有其他可与之类比的工具可与之竞争。近几年信创正在推广和发展，希望能发展项目管理的信创工具，提升项目管理水平，解决项目管理中项目经理收集和更新项目进展的痛点，同时也可将日常的项目管理工作进一步集成，自动生成项目管理日报、进展报告等，提升项目管理效能。

（2）团队人员能力

该项目采用敏捷方法对核心功能展开工作，有效解决了因技术复杂度高、进度计划不确定性等问题。但敏捷方法对团队人员的技能有较高要求，一方面开发能力要求较高，另一方面对于业务理解、沟通、测试等方面也有要求。因而，在未来的团队管理中要培养更多符合敏捷开发要求的全方位发展人才，为后续项目软件开发做好储备工作。

（3）人工智能

随着新兴技术的发展，人工智能方法广泛应用于各行各业。作者认为在不久的将来，人工智能算法也将可应用于项目管理中。比如人工智能算法将结合过往项目历史数据，基于软件系统的情况、采用的软件开发生命周期、团队人员等基础信息录入后，自动生成项目计划，并提示项目经理应加强哪些方面管理，并在项目实施过程中提示进度偏差和计划优化建议，提升项目进度管理的管理水平。

[**示例 6.5 点评**]

作为专业硕士学位论文，从具体企业的管理实践的角度，从项目进度管理的工具、团队人员能力和人工智能等三个方面对企业的软件项目进度项目管理提出建议，有理有据、实事求是。

6.6 本章小结

作为学位论文最后一章的结论应该呼应第 1 章导论所提出的研究问题、研究意义、研究内容、研究方法和技术路线，对学位论文的研究工作进行概要的回顾和总结，给出研究的结论，说明研究的理论贡献或管理启示，明确研究创新（如果有），并做出研究展望，给出进一步研究的方向、内容和方法等，进一步彰显学位论文的学术价值和研究意义。如此构成一个闭环结构，才能成为结构完整的学位论文。

第 7 章 学位论文的辅文

7.1 导论
7.2 摘要和关键词
7.3 参考文献
7.4 致谢
7.5 目录、附录和相关科研成果
7.6 本章小结

7.1 导　　论

学位论文的构成要素中，除了题目和正文（包括导论、本论、结论）之外，其他部分可称为学位论文的辅文。学位论文的辅文又分前置辅文和后置辅文两类。前置辅文在正文之前，包括摘要、关键词和目录，后置辅文在正文之后，包括参考文献、附录和致谢。尽管称为辅文，但除了附录之外，都是学位论文不可或缺的一部分，也要遵从相应的规范和要求，甚至比正文更加严格，更加琐碎。本章主要介绍摘要和关键词、目录、参考文献、附录和致谢的规范和要求。

7.2　摘要和关键词

摘要顾名思义就是摘取学位论文主要或者重要的部分而独立成文，是学位论文的必要组成部分，但又是一个可以脱离学位论文而独立存在的短文。换句话说，摘要是学位论文的缩写。其作用是在你还没看到全文甚至看不到全文的情况下，概要地了解学位论文的全貌。

因此，一个完整的摘要包括四大要素：研究问题及其意义，研究内容、研究方法或过程，研究结论。通俗地说，就是要说明论文研究了什么（研究问题）？为什么要研究（研究意义）？怎么研究的（研究内容、方法或过程）？有什么结论（研究结论）？按照这种逻辑顺序依次展开三段式的内容。第一段简要说明论文研究的问题及其意义（动机或重要性），第二段说明研究的内容、方法或过程，这部分是摘要的主体，占了主要的篇幅，第三段简要说明研究的结果、结论或创新点。

学位论文摘要的长度通常为 1 千字左右，一般在 2 页之内。某些大学的学位论文规范要求在一个页面内完成摘要的内容（包括关键词）。根据规定的页面、字体、字号和行距进行编排，大约只能容下 600～800 字。要在短短的 600～800 字内完成包含学位论文四大要素的内容，按照一定的逻辑层次，一气呵成为一个整体，把数万乃至十几万字的学位论文浓缩在一页之中，并非轻而易举，应该充分利用这个有限的空间。很多博士学位论文或者学术型硕士学位论文的摘要超出了一页的内容，一般也不会受到过多的质疑。而也有很多专业硕士学位论文，其摘要却常常写不够一页，留下一大片空白，让人甚为遗憾。究其原因，就是不了解摘要的作用和要求，不得要领，不知道如何清晰准确地组织摘要的内容。

通常见到的不规范或不完整的摘要，不是内容有缺失，就是逻辑层次不清。有前言式的、目录结构式的，多数没有结论部分。所谓前言式的，就是只介绍了论文研究的背景。而目录结构式的，就是在背景介绍的基础上，罗列出论文的章节结构。这些形式显然无法让读者在简短的文字中了解学位论文的全貌和主要工作从而有兴趣阅读全文，起不到摘要的作用。

摘要之后一般紧接着的是学位论文的关键词，一般需要 3～5 个关键词。关键词的主要作用是提供检索的依据，换言之，让研究者能够从浩瀚的文献中精准定位到本文。因此，关键词要反映学位论文研究的问题、方法等重要信息。一般来说，如果学位论文的题目取得合理、规范，可以直接从学位论文的题目中汲取关键词。更为重要的是，关键词要符合本学科、方向的学术规范、惯例。有的学科甚至还有对应的关键词标准，应尽量满足。切忌用过于宽泛的关键词，如管理、创新、企业等。读者从这样的关键词中几乎得不到任何有效的信息。同时可以想到的是，用这样宽泛的关键词去搜索文献，跳出来的文献或者成千上万，或者一文不见，当然这要取决于检索的方法和范围，如全文检索、题目检索、模糊检索，或者仅仅是关键词检索。

摘要和关键词还需要对应的英文摘要和关键词，中英文摘要和关键词应保持顺序和语义的一致性。

［示例 7.1］ 博士学位论文《开放式创新社区的创意管理研究》的摘要和关键词[3]

开放式创新重要性的日益凸显、用户主导创新意识的增强和互联网的快速普及使得基于在线平台获取创意成为可能。在此背景下，建立并运营开放式创新社区，吸引外部用户参与成为企业开展创新活动的重要途径。本文将基于创新社区的创意管理流程分为创意收集、创意互动和创意筛选三个阶段，并依次对这三个阶段中存在的问题开展专题研究。不仅能够丰富现有关于创新社区的研究成果，同时也能为企业获取和管理外部用户，开展创新活动提供管理启示。

在创意收集阶段，探讨不同类别、不同群体的反馈对新用户后续发布创意行为的影响。收集梦幻西游手游社区的创意和用户数据，借助 Cox 回归模型进行假设检验。结果显示不同类别的管理者反馈和用户反馈对新用户后续发布创意行为的影响存在差异；二者的交互作用对新用户后续参与有负向影响。

在创意互动阶段，研究创意文本的语言信号如何影响社区成员的回复行为。以信号理论为基础，将文本语言信号划分为情感型和信息型信号，以华为"花粉俱乐部"为例，分别利用 Logistic 和负二项回归模型进行假设检验。研究得出不同类型的语言信号确实能在不同程度上影响来自版主和用户回复行为。

在创意筛选阶段，首先，研究创新社区所呈现出的创意和用户特征对创意采纳的影响。基于详尽可能性模型提出影响采纳的因素，收集 Steam 平台 Dota2 创意工坊的数据，利用 Logistic 模型开展实证分析。研究发现除了视频数量对创意采纳有负向影响外，其余各因素均在不同程度上正向影响创意采纳，且先前成功经验与合作人数的交互效应也会对创意采纳产生影响。其次，考察创意文本写作风格对企业采纳创意的影响。使用梦幻西游社区的数据，通过 Logistic 模型进行检验。研究得出创意内容的负向情绪性、认知导向性对创意采纳有正向显著的影响，而自我导向性和未来导向性的影响不显著。最后，采用元分析方法探讨影响创意质量的因素，并通过亚组分析考察调节变量的影响。结果证实了创意和用户相关因素对创意质量的正向影响；创意质量衡量方式、平台类别和创意类型的不同是导致研究结论存在差异的重要因素。

关键词：开放式创新；用户创新；创新社区；创意管理

[示例 7.1 点评]

作为博士学位论文，该文有五个研究问题及其对应的研究内容和研究方法，因此，除了在第一段说明学位论文的研究问题及其意义之外，其后分别说明针对创意管理的三个阶段对应的五个研究内容的研究过程和研究结果，给出了学位论文的全貌。

四个关键词中的三个（开放式创新、创新社区、创意管理）分别从论文题目中汲取，反映了论文的主题。同时另外一个关键词"用户创新"反映了开放式创新社区中的创意管理的本质。

[示例 7.2] 专业硕士学位论文《新冠疫情下 Y 食品产业园生鲜冷链物流的风险管理》的摘要和关键词[4]

Y 食品产业园主要经营果蔬、肉类、水产等具有易腐性和易损性的生鲜食品，园区汇集海内外食品企业优势资源，提供国际食品物流、加工、贸易等服务。2020 年以来，新冠疫情的爆发暴露了冷链物流多方面的问题。原本为物品保鲜而创造的低温环境反而为新冠病毒创造了存活的温床，这使得生鲜冷链物流面临着比以往更复杂更艰巨的风险挑战。有效的风险管理能够最大限度地降低风险的负面影响。因此,如何对新冠疫情常态化背景下Y食品产业园生鲜冷链物流进行风险识别、评估与控制,是园区面临的重要课题。

本文根据风险管理的研究思路,分析Y食品产业园的实际背景以及生鲜冷链物流存在的潜在风险,构建新冠疫情下园区生鲜冷链物流系统风险管理体系。首先,通过对冷链供应、口岸、加工包装、运输配送、仓储、销售环节潜在风险的分析,利用事故致因理论,从人员、设备技术、管理、环境四大方面识别了生鲜冷链物流各环节的风险影响因素,据此构建风险指标体系。其次,依据DEMATEL-ISM模型分析风险指标因素之间的因果关系和层次关系,找出了风险系统的基础影响因素和直接影响因素,建立递阶结构模型,并利用递阶中心度权重法计算出指标体系的权重,运用云模型构建风险评估模型,根据调研数据计算得出现阶段Y食品产业园生鲜冷链物流系统风险等级。最后,根据风险评估结果中各子系统的风险严重程度,依次提出相对应的风险应对措施,并从完善风险管理组织结构与职责、生鲜冷链疫情防控体系、生鲜冷链物流追溯体系方面提出风险管理改进建议,为最终满足Y食品产业园对生鲜冷链物流系统的风险管理要求提供了参考方案。

本文设计的生鲜冷链物流风险管理过程方案能够有效管控目前Y食品产业园生鲜冷链物流系统存在的人员、设备技术、管理、环境风险,使得园区能够有效应对冷链物流风险,保障生鲜冷链食品的安全,为园区生鲜企业的持续运营保驾护航。

关键词:新冠疫情;冷链物流;风险管理;递阶结构;云模型

[示例7.2点评]

作为专业硕士学位论文,一般只研究一个问题。因此,第一段说明问题及其研究意义,第二段说明具体的研究内容、研究方法和研究过程,第三段说明研究的结果和结论。

关键词中的前三个：新冠疫情、冷链物流、风险管理分别从学位论文的题目汲取，而递阶结构、云模型涉及该文的研究方法，也是重要的信息，尽管由于题目长度所限，没有在题目中出现。

7.3 参考文献

参考文献是学术论文包括学位论文的重要组成部分。因为几乎所有研究工作都是前有古人的，都是在前人的基础上展开的，也都要有一定的依据。

或许有人说也有些特例。例如，力学家钱伟长先生 2002 年 5 月在《应用数学和力学》第 23 卷第 5 期发表的《宁波甬江大桥的大挠度非线性计算问题》一文的参考文献一栏中写到"本文不必参考任何文献"[10]。即便如此，紧接着还是做了如下必要的说明。

"文中有关小挠度的理论在一般的材料力学书中都能见到，有关非线性大挠度梁的基本微分方程式及其近似解法，也是首次在本文中提出。本人未见过宁波甬江大桥的设计，但曾到现场参观过，只是未曾听见有关技术人员具体解说过，有些江宽、高差和两端接不上的数据，只是目测估计的，如有不妥之处，还请谅解。"[10]

此文一度在网上引起热议，当人们了解到作者不凡的身份时，也只能望文兴叹。其实此文研究的问题和方法有其特殊的背景，正如作者的上述说明所言。而事实上，作为资深科学家的钱伟长本人却是十分重视参考文献的作用，更有丰富的经验和深刻的认知[11]。

作为初涉学术的研究生的学位论文，如果没有任何参考文献支撑，显然无法交待。不仅技术上不符合规范，更难逃剽窃、抄袭乃至学术不端的嫌疑。事实上，有经验的评审人都会关注论文引用参考文献的数量和质量，以此作为依据判断论文所能达到的水准。没有本领域或本专业经典的，最新、最前沿的参考文献作支撑，很难说学位论文达到了相应的水平，具有一定的创新性。在期刊论文评审中，评审人常常建议论文作者引用可能缺失的本领域重要的参考文献，避免缺憾，使得论文更加严谨、可靠。换言之，参考文献的数量和质量很大程度上表明学位论文的研究是严肃的、严谨的、充分的，符合学术规范。

在文献方面，专业学位研究生不像全日制学术型研究生一样，在导师的指导下，有较为丰富的相关学术论文阅读的积累。专业学位研究生的阅读范围大都仅限于相关课程的教科书或商业书籍，最多是为了写学位论文，临时抱佛脚地上知网查阅相关论文。而知网上的所谓论文却是参差不齐，有的甚至不能称之为严格意义上的学术论文，只能算是科普文章。但是由于没有受到如全日制学术型研究生那样严格的学术训练，专业学位研究生少有基本的学术判断能力，基本是看到什么就引用什么，甚至连是否是本领域核心或主流期刊都无法分辨。有的更直接检索相关专业的学位论文，而且还就相同类型的专业学位论文，依葫芦画瓢、照猫画虎地组织自己的学位论文内容。所以，可以从专业学位论文的参考文献部分看到一个奇特的现象，这些论文大量地引用了各高校的同类型学位论文，而且更多的是那些专业学者都不知名的期刊的所谓"论文"。偶尔会看到一些英文论文，但是基本上他们并没有看过，只是看到其他论文引用了，就跟着引用了。这类问题，由于专业学位研究生的上述特点，几乎无解。只能强制性地禁止引用学位论文，而期刊论文的质量就有待于导师的引导和学生自己有意识地加强文献阅读的训练和积累了。这方面显然难以做到全日制学术型研究生的学术深度，但是只要有正确的引导，还是有可能达到专业学位论文应用性的要求，至少不会出现引用学位论文和某些科普类期刊的科普性文章的现象。

从技术上说，规范地引用和标注参考文献，是学者的责任和义务，表明作者认可、感谢、致敬同行的学术贡献，也使读者能够方便地跟踪学位论文的信息来源，同时可以避免抄袭甚至剽窃之嫌。

剽窃或抄袭是指引用他人的文字或观点而不加规范的说明。在学术文化中，文字或观点也具有知识产权的性质，不能不加说明地据为己有。剽窃是极为严重的违法行为，有意无意的剽窃都将导致严重的后果，在学研究生有可能被开除学籍。而规避剽窃的最有效、简洁的方法就是引用标注。简言之，学位论文中只有两种文字，你说的或者他人说的。凡是没有明确标注的，就是你说的，否则就是他人说的，他人说的就需要明确规范地标注信息来源，除非一些明显的不需说明的公认的常识或共识。

引用标注意味着学位论文从其他载体获取词句、观点、数据和图像等资源。引用标注能够帮助我们从参考文献列表中快速识别和跟踪正式出版的载体，包括期刊、书籍、网页。

引用标注所包含的标准信息包括：作者姓名、文章、书籍和期刊的题目、出版日期、页码、期刊的卷号和期号等。引用的内容包括正式出版或发表的书籍、期刊论文、学位论文、网页中的事实、数据、观点、文本、理论、方法等非常识性信息。

引用标注的格式有多种形式，与期刊、出版机构甚至学科有关。采用何种模式取决于所在学位授权点的要求。一般来说，各学位授权点都会做出相应的规定。

我国共发布过 3 个参考文献著录规则。国家标准局 1987 年 5 月 5 日发布中华人民共和国国家标准《文后参考文献著录规则》（GB/T 7714—1987）（1988 年 1 月 1 日实施），国家标准委员会 2005 年 3 月 23 日发布《文后参考文献著录规则》（GB/T 7714—2005）（2005 年 10 月 1 日实施），替代之前的版本。现行标准是 2015 年 5 月 15 日发布的《信息与文献 参考文献著录规则》（GB/T 7714—2015）（2015 年 12 月 1 日实施）。

该现行标准规定了各学科、各种类型信息资源的参考文献著录项目、著录顺序、著录用符号、文字、著录项目的著录方法，以及参考文献在正文中的标注方法[12]。作为推荐性国家标准，目前已被各大学广泛应用于学位论文的格式规范中，也是中国期刊网（中国知网）要求各期刊采用的参考文献著录规则。

著录信息源包括专著（monograph）、论文集、学位论文、报告、专利文献、连续出版物析出文献（期刊论文、报纸文章）、电子资源等。各种类型的文献和文献载体都有特定的英文字母符号标示，置于方括号内[12]。

文献类型及其标识代码包括：普通图书［M］，会议录［C］、汇编［G］、报纸［N］、期刊［J］、学位论文［D］、报告［R］、标准［S］、专利［P］、数据库［DB］、计算机程序［CP］、电子公告［EB］、档案［A］、舆图［CM］、数据集［DS］、其他［Z］。

电子资源载体及其标识代码包括：磁带［MT］、磁盘［DK］、光盘［CD］、联机网络［OL］。

正文中引用文献的标注方法有2种可供选择，一种是顺序编码制，一种是著者-出版年制。在一篇学位论文中应统一采用其中一种方法，不可也没有必要两者兼而有之。目前国内各类出版物和学位论文大都采用顺序编码制。国外出版物和学位论文则大都采用著者-出版年制。

顺序编码制是按正文中引用文献出现的先后顺序进行连续编码，序号置于方括号内，标注在对应文本标点符号结束前的上标位置。同一处引用多篇文献时，将各文献的序号按顺序顺序列出，各序号用","相间。连续序号可用短横线连接起讫序号。多次引用同一著者的同一篇文献时，采用其首次引用的序号，并在序号的方框外加注引文页码。加注页码的方式实际中不常见。

如果顺序编码制采用脚注方式，序号可由编辑软件自动生成圈码。但一般不建议采用脚注方式，因为脚注另有用途，常常用于注释，对正文某一特定内容做必要的解释和说明，或者说明某些非正式资料的来源。此时应按页连续编号。

正文引用的文献采用著者-出版年制时，标注内容有著者姓氏与出版年份构成，并置于圆括号内。对于用汉字书写的姓名，也可以标注著者姓名全名。如果正文中已提及著者姓名，则在其后的圆括号内可只标注出版年。多次引用同一著者的同一篇文献时，在序号的圆括号外以上标的姓氏加注引文页码，但实际中并不多见采用。国外专著和期刊论文采用著者-出版年制者居多。

当采用顺序编码制时，参考文献表中的文献应按正文部分标注的序号依次在文后列出，也可以分散著录在页下端，但后者比较少被采用。

当采用著者-出版年制时，参考文献表中的文献按文种集中，可分为中文、日文、西文、俄文、其他文种5部分。然后按著者字顺和出版年排列在文后。中文文献按著者汉语拼音字顺排列，也可以按著者笔画笔顺排列。

专著（普通图书、论文集、报告和学位论文）著录的通用格式为

主要责任者.题名：其他题名信息［文献类型标识/文献载体标识（任选）］.其他责任者.版本项.出版地：出版者，出版年：引文页码［引文日期（任选）］.获取和访问路径（电子资源必备）.数字对象唯一标识符（电子资源必备）.

专著中析出文献的著录通用格式为

析出文献主要责任者.析出文献题名［文献类型标识/文献载体标识（任选）］.析出文献其他责任者（任选）//专著主要责任者.专著题名：其他题名信息.版本项.出版地：出版者，出版年：析出文献的页码［引用日期（任选）］.获取和访问路径（电子资源必备）.数字对象唯一标识符DOI（电子资源必备）.

连续出版物（期刊、报纸）的著录通用格式为

主要责任者.题名:其他题名信息[文献类型标识/文献载体标识(任选)].年,卷(期)-年,卷(期).出版地:出版者,出版年[引用日期(任选)].获取和访问路径(电子资源必备).数字对象唯一标识符DOI(电子资源必备).

连续出版物(期刊、报纸)中的析出文献的著录通用格式为

析出文献主要责任者.析出文献题名[文献类型标识/文献载体标识(任选)].连续出版物题名:其他题名信息,年,卷(期):页码[引用日期(任选)].获取和访问路径(电子资源必备).数字对象唯一标识符(电子资源必备).

专利文献的著录通用格式为

专利申请者或所有者.专利题名:专利国别,专利号[文献类型标识/文献载体标识(任选)].公告日期或公开日期[引用日期(任选)].获取或访问路径(电子资源必备).数字对象唯一标识符(电子资源必备).

[示例 7.3] 博士学位论文《开放式创新社区的创意管理研究》的参考文献著录标注[3]

……

通过归纳总结发现,受到样本特性、研究情境和测度方法等因素的影响,研究结论不一致的现象普遍存在,缺乏共识性的规律发现。例如,在创意特征方面,Ma等,Liu等得出创意内容长度与创意质量之间正相关[27,30],但Li等,Lee等的研究却发现创意长度与之负相关[29,32];在用户特征方面,Bayus,杨光和汪立得出用户先前成功实施的创意个数负向影响后续的创意质量[28,31],而Hoornaert等,Ma等的研究却得出了相反的结论[27,33]。现有研究结论存在冲突的现象为本文的研究提供机会,本文的第五个核心问题就是基于元分析的创意质量影响因素的研究。在具

体的操作过程中，首先对现有研究进行文献综述，总结出创意质量的主要影响因素；然后，通过元分析方法对这些影响因素和创意质量的关系进行探讨并找出造成现有研究结论不一致的原因。

……

Gan 和 Tan 认为，创意是产品创新 FFE 过程的关键影响因素，良好的创意意味着企业获得了可靠的市场信息与资讯、具备明晰的产品研发与设计理念，以及制定了较为完备的产品研发与销售决策模式[107]。

……

SGS 将创新过程划分为几个不同的阶段，每个阶段都包含一系列预先设定的、并行的跨部门活动，负责该阶段的团队必须成功地完成该阶段内预定的所有活动[108]。

……

针对创意管理阶段，Dabholkar 和 Krishnan 认为一个系统的创意管理过程分为四个步骤：创意生成、创意筛选、创意培育和创意实施[109]。Gerlach 等提出创意管理的框架，分为前期准备、创意生成、创意提高、创意评估、创意实施和创意部署六个阶段，并指出每个阶段的操作方法，此外还需要考虑到相关利益者、激励因素、筛选和反馈、奖励、衡量方法等影响[110]。Amabile 提出四阶段创意形成模型，共分四个步骤：识别、准备、创意生成和创意实施[111]。

……

目前来看，OIC 的成功运营正面临着大数据环境和低质量内容的威胁。以 2010 年的墨西哥海湾漏油事件为例，为找到合适的解决途径，BP 公司公开向外界寻求帮助，在不到一个月的时间里收集到的创意数量超过 8 万条，虽然其中不乏新颖、有价值的创意，但从中搜寻出有价值创意并将它们分离出来是非常耗时耗力的问题。Goldenberg 认为这次事件"虽然是一次伟大的尝试但收效甚微"[187]。

参考文献

......

[27] Ma J, Lu Y, Gupta S. User Innovation Evaluation: Empirical Evidence from an Online Game Community [J]. Decision Support Systems, 2019, 117 (2): 113-123.

[28] Bayus B L. Crowdsourcing New Product Ideas over Time: An Analysis of the Dell IdeaStorm Community [J]. Management Science, 2013, 59 (1): 226-244.

[29] Li M, Kankanhalli A, Kim S H. Which Ideas are More Likely to be Implemented in Online User Innovation [J]. Decision Support Systems, 2016, 84 (04): 28-40.

[30] Liu Q, Du Q, Hong Y, et al. User Idea Implementation in Open Innovation Communities: Evidence from a New Product Development Crowdsourcing Community [J]. Information Systems Journal, 2020, 30 (5): 899-927.

[31] 杨光, 汪立. 思维定势如何影响创意质量——基于"众包"平台的实证研究 [J]. 管理世界, 2017 (12): 109-124.

[32] Lee H, Han J, Suh Y. Customer Favourable Idea versus Company Adoptable Idea: Comparative Analysis through Elaboration Likelihood Model [J]. Innovation, 2018, 20 (3): 277-298.

[33] Hoornaert S, Ballings M, Malthouse E C, et al. Identifying New Product Ideas: Waiting for the Wisdom of the Crowd or Screening Ideas in Real Time [J]. Journal of Product Innovation Management, 2017, 34 (5): 580-597.

......

［107］Dequan G, Runhua T. Idea Generation for Fuzzy Front End of New Product Development using CAIs［C］. International Technology and Innovation Conference, 2006, Hangzhou, China.

［108］Cooper R G. Perspective: The Stage-Gate® Idea-to-Launch Process- Update, What's New, and NexGen Systems［J］. Journal of Product Innovation Management, 2008, 25（3）: 213-232.

［109］Dabholkar V, Krishnan R T. 8 Steps to Innovation: Going from Jugaad to Excellence［M］. Harper Collins Publishers, 2013.

［110］Gerlach S, Brem A. Idea Management Revisited: A Review of the Literature and Guide for Implementation［J］. International Journal of Innovation Studies, 2017, 1（2）: 144-161.

［111］Amabile T M. Creativity and Innovation in Organizations［R］. Boston, Massachusetts: Harvard Business School, 1996.

……

［187］Goldenberg S. BP's Oil Spill Crowdsourcing Exercise: "a Lot of Effort for Little Result"［EB/OL］.［2019-12-20］. https: //www.theguardian.com/environment/2011/jul/12/bp-deepwater-horizon-oilspill-crowdsourcing.

［示例 7.3 点评］

此处列举的正文及其对应的参考文献表中的参考文献涉及管理类学位论文的主要文献类型和电子资源载体，包括期刊论文［J］、专著［M］、会议论文集［C］、报告［R］、电子公告［EB］、联机网络［OL］等。

其中作为学术型的博士学位论文,主要参考文献一般来源于期刊论文,尤其是英文期刊论文。其他类型的文献和电子资源载体较为少见。

示例中还包括同一处正文引用多个文献的标注方法。

7.4 致 谢

致谢(acknowledgement)是学位论文唯一可以在文体上自由发挥的部分,尽管如此,也有看似约定俗成的"八股":感谢学校、感谢导师、感谢同窗、感谢家人、感谢恋人、还有人感谢自己(不建议)、感谢国家、感谢这个时代。总之,感谢为学位论文研究和写作过程提供技术、数据、资料、经费和精神等方面支持的人或者机构。

常常看到几乎一模一样的致谢,有的甚至直接抄袭,连导师的名字都抄,不堪入目。当然也有很多让人感动的发自内心真挚情感的原创致谢。

不要小看了致谢的魔力,致谢不仅反映了学位论文作者的人文素养,更是学术文化的一部分,国外大学的致谢还通常放在论文的扉页,尽管有时只是简短的几行字。这也体现了不同的文化传统。

[示例 7.4]　博士学位论文《基于可持续发展的公平贸易市场农产品采购策略研究》的致谢[13]

终于写到了致谢,说明了我的学生生涯真的已经接近尾声了,有点小激动,当然也有不舍,毕竟在象牙塔里,我已摸爬滚打了这么多年,已然从小鲜肉变成了老腊肉。当然也离自己的梦想越来越近,那就是能在学校当一名老师,这样我就可以一直吃食堂,不仅自己吃,以后带着我的小孩也吃,就不用自己做饭咯。没错,我的梦想的确是离不开吃的,人活着,别的不重要,开心最重要咯。

致谢当然离不开感谢，而我的人生走到今天，的确有数不清的感谢和感恩。首先感谢我的导师徐老师，嗯，您是一位非常有个性的导师，虽然有的时候很严肃，但有的时候又特别搞笑。作为您的学生，是能感觉到您对我们无尽的关怀，而您在为人上也总是会给我们很多的启示，最喜欢您说过的，人不要太功利，只在乎一时的得失，现在的努力，总会在未来的某一天回报给你。我一直遵循着您的这句话，而我也相信，就算未来没有回报，自己在努力过程中收获的喜悦和满足，也是一种回报，毕竟人开心最重要。其次，感谢我博士期间在国外的两位老师，谢谢你们的包容和鼓励，你们总说，小沛特别努力，那是因为你们对我好，不努力，我都觉得对不起自己，也对不起你们。再次，感谢我的硕士导师曹老师，是您鼓励我走上读博的道路，说我逻辑清晰，很适合读博，给了我莫大的自信，谢谢您。还要感谢张老师，在圣地亚哥的两年时间，您就像亲人一般存在，给我照顾和支持。虽然我们在国外因为距离远也很少见面，但是，您说的，出门在外，您就像我们长辈一样，有事一定要联系，逢年过节您也总叫我们一块吃饭，这让我在国外两年的时间觉得格外温暖。

　　我要感谢我的朋友们。张薇师姐和土师兄，感谢你们在我遇到挫折时给我的帮助，在我迷茫时给我指明方向。师姐对于我来说，亦师亦友，可是每次别人叫你老师的时候，我都反应不过来，因为你实在太幼稚啦！所以我们还是不要做师生，做好朋友吧，哈哈。我喜欢你乐观的态度和你的幽默，有的时候觉得我们好相似啊，希望你未来一直都好，一直都开心。其次，感谢目前还在国外访学的菲菲同学，在国外的学习和生活中，经常会碰到各种挫折，虽然我们只相处了一年，但是大家互相安慰和打气的日子，真的很幸福，还有，你做的饭真的超级好吃，感谢那些让我蹭饭的岁月。然后，我要感谢我的两位从硕士一块上来的师姐，洪红师姐和赵洋师姐，对于我这么一个有点傻的人，没有你们一开始的提醒，我可能还真的会很久很久都不知道读博士是咋回事，继续傻了吧唧地混日子。最后，感谢我的师弟们和师妹们，每次聚餐都有师妹帮忙占座的日子，真是幸福。

　　当然，最想要感谢的是我的家人们。我一早就知道人生不易，但我有你们，则是大幸。亲爱的爸爸，一别已是十余年，女儿甚是想念。这十多年，我总是装着你的身份证，去了全国很多的地方，甚至去了美国，我固执地认为你是能感受到的，你也会为我高兴和骄傲。现在我要毕业了，告知你，希望你也开心。可是我又是何其幸运，这十多年，我经历了十多岁的懵懂，20岁的迷茫，即将步入30岁的成熟，而我的其他亲人一直都在我的身边没有离开我，他们鼓励我，帮助我，指导我，为了我有操不完的心。一直把我捧在手心里的奶奶，爱我的妈妈，以及把我当成亲闺女的姑姑姑父，还有其他的至亲，我爱你们，你们永远是我坚强的后盾，像微风一样吹拂着我，给我温暖。我的男朋友，在一起6年，在我心里实际上也是亲人一般的存在了，感谢你一直在旁边无条件地支持我，在我迷茫时，跟我讨论，给我指点，你应该就是我人生的太阳吧，照亮我前进的道路和方向。人生最幸福的事情，莫过于微风在后，艳阳在前，朋友在旁，这三样，想来我都有了，所以说，我是何其幸运。

　　我的校园生活即将结束，可是我的青春还在继续，我的朋友们，希望未来再见，大家一直开心，归来时大家仍是少年。

[示例 7.4 点评]

　　这篇博士学位论文的进展就像作者的个性，不徐不疾，舒缓而有力度，所谓"温良的力量"。这些都不出我的意料。出乎意料又让我感动的是她论文最后的致谢。

　　看了这么多学位论文的致谢，尽管也有让我惊喜、惊艳、惊诧的，但更多的是千篇一律的八股，甚至还有直接抄袭的，连人名都照抄不误。这篇致谢让我看到最后流了泪。师生这么多年，很多事情我还是第一次知道，关于她的善良、她的真诚、她的淳朴，她对"吃"的迷恋，还有她对爸爸的深情。好后悔没有对她更好一点，更用心一点，尽管她毫无怨言，还心存感激。我已经无法用文字来传达她温良的性情和感染力。

［示例 7.5］ 博士学位论文《开放式创新社区的创意管理研究》的致谢[3]

终于到了要说再见的时刻了，回顾博士这五年，最想感谢的还是我的导师徐老师。徐老师是位"放手型"的导师，他不会手把手给学生选方向、定题目、教方法，而是抓大放小，给与学生充分的自由，只在必要的时候提供支持。对于习惯了被"喂食"的我，刚开始真是忐忑不安。没办法，硬着头皮上课、看文献、找问题，一遍一遍地组会报告，再配合徐老师的意见反馈，慢慢发现自己竟然真的可以独立做些东西。每次只要偏离主题，徐老师这位掌舵人都能一针见血地指出问题所在，把我拉回正确轨道；遇到百思不得其解的问题，经过徐老师的稍稍点播就能拨云见日，重见光明。越到博士后期，越能体会到徐老师的难能可贵。徐老师亦是位外冷内热的性情中人。虽然他出了名的严厉，但熟悉他的学生都知道徐老师是刀子嘴豆腐心，嘴上说着很苛刻的话，心里却总在为学生着想。女博士怀孕生子应该是所有导师们都避之不及的，但在徐老师这里我却没有感到被嫌弃，反而一直备受呵护。有时候甚至能感觉到他想表达对学生的关心，却又有着理工科男生的不善表达，真是位可爱的老师。

感谢鹭岛徐风。不是一家人，不进一家门，总觉得每个师门都有独特的气质，师门里的人也都有相似的地方。张薇、吴隽、秀品、洪红、大鹏、韦俊、谢平、祥子、佳鑫、李蓉……希望大家的人生都能平安顺遂、幸福久久。

感谢厦门大学。徐老师经常说，厦大把学生宠坏了。确实是这样。这里有很好的科研平台，国际化的视野，还有演武场、芙蓉湖、思源谷，一砖一瓦都蕴含着设计者的巧思。去年又恰逢百年校庆，能够亲临这场盛宴，真是荣幸之至。

感谢管理学院。这里的老师们风采各异、各有所长，感谢他们在我论文开题、预答辩、答辩过程中提出的宝贵意见，让我的科研之路受益匪浅；还有我的同窗好友们，偶尔碰到聊聊天，讲讲科研近况，是他们让我的科研之路不再孤单。

感谢弗吉尼亚理工大学的王刚老师。原定计划去美国联培两年，奈何两次申请CSC都以失败告终，确实是读博期间的一大遗憾，但王老师的科研能力和宽厚为人真的让我敬佩，也非常希望以后有机会能再跟着王老师学习。此时又恰逢中美关系恶化、新冠肺炎疫情肆虐，不得不感慨时代的一粒沙，落在个人头上就是一座山。

我的人生也在这几年发生了天翻地覆的变化，从孑然一身来厦门求学，到结婚、生子、拖家带口毕业，诸多身份的转变让我应接不暇。特别是儿子出生以后，每一天、每一小时该做什么都被定得死死的。真的好怀念一个人待在宿舍、晒晒太阳、看看论文的那段时光。但养育人类幼崽的乐趣也是双倍的。如今儿子已经十个月大了，像只小老虎一样壮实，会叫爸爸妈妈，有点急脾气又很好哄，最爱吃我给他做的小饼干。看着他嫩嫩的小脸蛋、圆滚滚的小肚子、胖乎乎的小手，真是一天亲800遍都不嫌多。他是那么爱笑，未来的人生应该也会很灿烂吧。妈妈会陪你长大，教会你爱，再放手让你飞。

感谢我的先生。他是个有趣的人，有很多新奇的想法，给我带来了许多未曾有过的体验。作为一个没有远大志向、得过且过的人，如果不是他的督促，我可能永远不会读博，待在舒适圈里不思进取，最终成为一个自己都讨厌的人。回过头看，这一切都是值得的。年轻时的情感来得那么激烈，曾经的我能跟他吵到天翻地覆、哭到撕心裂肺。感谢他的理解、包容与爱，也感谢我们一起走过的最艰难的日子。两个人步调一致、共同进步、一起探索这个世界，实为人生一大幸事。

感谢我的公婆。儿子出生后他们付出最多，尤其是婆婆，在该享受的年纪又来给我们带孩子。将近一年了，婆婆、儿子和我三个人住在一个狭小的房子里，虽然有诸多不便，但我们的相处基本上是和谐的，所有的付出我都铭记于心。

感谢我的父母。正如歌里所唱的，爸爸妈妈给我的不少不多，足够我在这年代奔波，足够我生活。养儿方知父母恩，如今才切身体会到养孩子的不易，当妈妈的诸多羁绊。感谢他们给我提供宽松、幸福、有爱的成长环境，感谢他们在我人生路上的理解和支持。印象最深的还是儿时的某个夏日傍晚，妈妈披着湿漉漉的头发，穿着红白相间的连衣裙，真是美极了。爸爸高大帅气，意气风发，骑上摩托车带我俩去兜风。那是他们最美的年纪吧，不知不觉间已经过去20多年了……

我想，此刻最开心的应该是爸爸。他眼里的女儿总是最聪明伶俐的，读博也是他一直鼓励我做的事情。如今，爸爸离开我们已经5年了。当时的自己就像只受伤的小猴子，捂着自己的伤口，怕被别人发现自己是个失去父亲的孩子。时至如今，失去爸爸的痛苦已经沉淀到了灵魂深处。其实也没有很想爸爸，只不过是无数个瞬间，突然想跟爸爸分享一些事情却又无处诉说，比如听到《爱拼才会赢》这首爸爸最爱的歌、比如看到跟爸爸体型相似的人、比如在梦里又看到了爸爸，然后黯然伤神，默默地承受、消化，再继续生活。有时候甚至能在儿子的身上看到爸爸的影子，这也许就是生命的传承吧。只要我还在，爸爸就与我同在。

[示例 7.5 点评]

素雅的致谢看到最后又让我流了泪，可能年纪大了泪点也低。和小沛一样，这又是一位过早失去父亲的女生。这样的女生怎么就特别懂事，特别坚强，也特别知道感恩。写出来的文字也特别淳朴，特别真诚，还有画面感，当然也就特别感人。

在学生的眼中，作为导师的我是个标准严格的理工直男。学生在学期间，学问之外少有例外的交流。也可能因为我奉行的是有教无类，她（他）们过往的经历并不影响我对学生的认知和态度，而重在现实表现。所以关于她（他）们的个人背景，如果自己不主动说，我几乎一无所知。很多事情都是到了毕业的时候，甚至毕业之后，学问之外的就业等问题交流多了，才会知道。学位论文的致谢往往就是个特殊的渠道。

素雅15岁上大学，19岁读研究生。虽然作为60后的我也是少年时的16岁就上大学，但那是因为那个时代的学制短造成的。作为90后，则实属不易，必有超乎常人的特质。不过这些是素雅临近毕业，报考公务员选调生时，省委组织部需要跟作为导师的我面谈之前，我才被动地了解到的细节。这也部分揭开了一直以来埋在我包括素雅同门心中的一个谜团。

一直以来，大家都觉得素雅运气特别好。读博期间结婚、（意外）怀孕生子，也没耽误研究和学位论文，发表了3篇能达到毕业要求的学术论文，手握多个高校的OFFER，考公上岸后还有多家重要的党政机构青睐，主动联系。博士生梦寐以求的所有目标几乎都实现了。在别人焦头烂额、忙不迭对付一个个论文大修、小修甚至直接拒稿的时候，她似乎轻轻松松就一笑而过。虽然也不是什么顶尖或者遥不可及的成果，但是都能拿捏得恰到好处、刚刚好。同门的运气似乎都聚焦在她一个人身上。妥妥的人生赢家。

但事实上，运气背后是严谨的态度、严密的计划、高效的执行、严格的遵守、及时的修正、诚信的敬畏、充分的付出。当然也有各种大大小小的挫折，甚至心酸、心累的历程。直至毕业审核的最后一刻，都还在应对不期而至的误会，才顺利渡过一个个关卡。所谓运气其实就是旁人看不见的努力和坚持。

素雅人如其名，朴素而淡雅，善良而不造作，相信如此特质和风格也会给她未来的职业生涯带来好运。

7.5　目录、附录和相关科研成果

学位论文摘要和关键词之后出现的就是目录（table of contents），目录以章节结构的形式反映学位论文的整体结构，包括从第 1 章开始的各章节，直到最后一部分内容的致谢。目录一般细化到节，也可以细化到节以下的目的三级层次结构。目录一般还需要有对应的英文目录。与摘要和关键词一样，必须保证中英文的一致性。

附录（appendix）作为学位论文的辅文并非必须，但适当的附录内容可以对学位论文的正文起到补充说明的作用，或者鉴于表述的简洁或连贯性不便在正文中出现的数据、图像、公式推导、定理引理证明、调查问卷、访谈资料、程序原代码及其说明等。

作为应用型的专业硕士学位论文，还可以把与学位论文相关的企业应用成果鉴定书、发明专利、应用成果获奖证书等能够表明学位论文所提出的解决方案取得相应成果的证明材料作为附录列出。

学术型学位论文尤其是博士学位论文还可以列出攻读学位期间所参加的与学位论文相关的科研项目、发表的期刊论文、会议论文、出版的专著、教材、科研获奖以及其他相关科研成果。此项内容还常常独立于附录之外，以"攻读学位期间的研究成果（publications and projects）"为题单列一项。

7.6 本章小结

一篇完整的学位论文除了正文的导论、本论、结论之外,还包括起辅助作用但又不可或缺的辅文,包括前置辅文的摘要和关键词、目录,后置辅文的参考文献、附录和致谢等。各种辅文都有其严格的规范和基本要求,为学位论文正文提供技术上的支撑,使学位论文整体上更加严谨、规范、有效。

第 8 章
学位论文的体例

8.1 导论
8.2 页面设置
8.3 标题及编号
8.4 导语和章小结
8.5 图的规范
8.6 表的规范
8.7 本章小结

8.1 导　论

所谓体例，指的是学位论文的编排格式和版面规范。包括学位论文各组成要素（章、节、目、标题、图、表、数学公式、数学符号）的字体、字号、行距，页面设置（页码、页眉、页边距）等。一般来说，各学位授权点都会根据相关国家标准和出版惯例给出详细的规范。没有明确给出规范的部分，一般采用可以相互包容、共存的惯例。但要保持前后一致，不鼓励自创格式，以免被质疑不专业、不规范。

8.2 页面设置

学位论文的页面一般采用 A4 页面，如果没有特别要求，采用文字编辑软件默认的页边距。

页码是标识页面顺序的序号。正文前的辅文与正文的页码分别编排。

页眉方便检索查阅，也是页面的一种装饰。一般是双码页排论文名，单码页排章名。页眉必须与正文和目录中的题名一致。

章节标题一般采用黑体加粗、正文采用宋体。字号按章、节、目、正文从大到小依次减小一个字号。例如章的标题为小三号黑体加粗，节的标题为四号黑体加粗，目及以下的标题为小四号黑体加粗，正文为小四号宋体。正文中所有西文采用 Times New Roman 字体。数学变量名用斜体。行距 1.5 倍。

8.3 标题及编号

学位论文的标题层次可按章、节、目等几个层次设置，层次标题简短明确且与内容相符，题末不加标点。常用标题编排格式有三种，如表 8.1 所示。其中第 1 种为国际标准编排格式，第 3 种为中文格式。出版社通常推荐采用第 2 种。

表 8.1 常用标题编排格式

第 1 种	第 2 种	第 3 种
1	第 1 章	第一章
1.1	1.1	第一节
1.1.1	1.1.1	一、
1.1.1.1	1.	（一）
（1）	（1）	1.

需要注意的是，同一篇学位论文中各章采用的格式必须一致，同时不可混合使用这 3 种格式，尤其是不要将国际标准编排格式和中文格式混合使用，层次顺序也不可颠倒。

标题一般采用名词性词组，简洁说明本项标题之下要讨论的内容。作为学术研究的学位论文，一般不能用结论式动宾结构的词组（句子）或疑问句作为标题。结论式的动宾结构的词组（句子）适合工作报告、操作手册、管理指南之类的非学术性文件，因为报告强调和突出的是结果，标题更适合采用指令式的、结论式的、甚至口号式的动宾结构的词组（句子）。而作为学术性的学位论文应该采用陈述式的名词性词组。

例如，在分析某事物的特点或优劣势，标题应该用"管理水平""产品质量""机械性能"来表达，而不能用"管理水平低""产品质量高""机械性能好"来表达。结论如何,要通过该标题之下的正文有理有据地分析和论证得出,因为具有研究性质的学位论文的任务就在于分析和论证,通过规范的符合逻辑的研究过程得出可靠的结论。不能先入为主地先给结论再加以解释。

再如,在提出问题的解决方案或措施时,不能出现这样的标题:"强化质量管理""加大前期投入""减少采购成本",等等。因为这就是一种指令性的标题。作为工作报告、管理指南是可以的,但是作为学位论文就显得不讲道理的突兀。正确的写法如"质量管理""前期投入""采购成本"。至于如何做,需要该标题之下的正文有理有据的分析论证才能给出结论,不能先入为主地下指令,甚至喊口号。

8.4 导语和章小结

导语或章前语和章小结是学位论文章节结构中不太引人注目、常常被人忽视的环节。它们恰好分别处于学位论文某一章的开头和结尾,有时却是必不可少,往往能起到画龙点睛的作用,或者像是房前院后的点缀之花,为各章增色不少。

学位论文一般由若干章节构成,每章在第一节开始之前的一小段文字,通常可以作为本章的引言,引出本章的话题甚至基本框架,有时还可以起到衔接前后两章的承上启下的作用。这就是所谓的章前语。极端的情况下,还可以用一两句名人名言点明本章的要旨,即所谓画龙点睛。一般来说,只要有一章有导语,各章都需要导语,而且风格一致。

而章小结则作为一章的最后一节,回顾总结本章所做的工作,同时引出有紧密联系的下一章的话题。一般来说,第一章引言和最后一章结论由于内容的特殊性,不需要章小结。导语和章小结一前一后,提供了本章内容的基本线索，方便读者快速把握各章基本内容，还能把各章有机地联系在一起，也使得各章内容更为完整。

［示例 8.1］ 博士学位论文《开放式创新社区的创意管理研究》第 3 章的导语[3]

根据第 2 章的分析，本文将创意管理流程分为创意收集、创意互动和创意筛选三个阶段，本章聚焦于其中第一个阶段，即创意收集阶段。现实情况表明大多数用户在 OIC 中初次注册登录，发布完创意之后便不再有后续行为，如何促进新用户的持续参与，获取源源不断的创意流入是此阶段亟待解决的问题。基于此，本章主要探讨如何设置有效的反馈机制，以及何种类型的反馈效果更佳，以便为企业活跃社区氛围，维护新用户提供理论依据和管理建议。

［示例 8.1 点评］

作为博士学位论文本论中的一章的导语，简要说明本章研究的具体问题和内容，起到承上启下的作用。

［示例 8.2］ 博士学位论文《开放式创新社区的创意管理研究》第 3 章的本章小结[3]

在创意管理的第二个阶段，即在创意互动阶段，成员与管理者之间和成员之间的良性互动能够活跃社区氛围，建立稳固关系，促进多元化、异质性知识的生成和聚集，这不仅能够为企业后续的创意筛选活动提供参考，同时也有助于社区黏性和成员稳固关系的建立。本项研究的主要目的是为了解决企业如何引导创意发布者通过特定语言的选择，吸引更多社区成员进行互动行为，以提升话题讨论度和用户参与度；以及如何引导创意发布者通过特定语言的选择，吸引社区管理者的回复，以增强用户黏性和后续参与的积极性。

具体地，本章在信号理论的基础上，将创意文本的语言特征分为情感型信号（语言风格匹配、负向情绪和不礼貌性）和信息型信号（创意长度、创意质量），探究不同特征的语言信号对版主回复和用户回复的影响。经过数据采集和数据处理，共获取到花粉俱乐部 95668 条创意数据，根据数据特征分别利用 Logistic 回归和负二项回归模型进行假设检验。实证结果得出，情感型信号中的语言风格匹配、负向情绪、不礼貌性和信息型信号中的创意长度、创意质量均在不同程度上对版主回复产生影响。负向情绪正向影响用户回复，创意长度与用户回复之间存在 U 形关系，创意质量负向影响用户回复，而语言风格匹配和不礼貌性对用户回复的影响并不显著。

研究结论表明，社区版主和社区成员在选择创意进行回复时，所关注的特征是有差异的，如版主更在意创意内容本身和规范化表达，而社区成员则更在意产品的使用体验，他们更倾向于向拥有相同观点的用户表达支持。在理论层面上，本章丰富了 OIC 中用回复行为影响因素的研究成果，且扩展了信号理论的应用范围，证实了语言信号对不同群体回复行为的影响差异。实践层面上，本章结论提醒管理者应注意创意语言信号的使用，在社区管理中起到更为积极的引导作用，以促进 OIC 的良性互动和有用知识的生成。

［示例 8.2 点评］

作为博士学位论文本论的一章的章小节，回顾本章研究工作的、意义和过程，给出研究的结论，包括理论贡献和管理启示。

8.5 图的规范

图是学位论文的重要组成部分，相对于正文，图更为直观，可以将结构化的正文内容直观形象地呈现出来，图文并茂，一目了然。

学位论文中的图有三种情况。

第一种是以正文为主,即用图来呈现正文的内容,使得正文的内容更加直观、形象、结构化,加深读者印象,也便于记忆,此称为示意图。如用于说明学位论文研究内容和研究方法的技术路线图,或者论文结构图等。示例4.10中的图4.2和示例4.11中的图4.3即为结构化呈现正文内容技术路线的示意图。

第二种是以图为主,即原始信息本身就是图的形式,此时需要在正文中对图进行详细的说明和解读。如照片、地形图、图画等。

第三种是曲线图,用以表征函数或数据的变化趋势,此时,应对应正文中的函数形式或数据表格等内容,用以呈现量化信息。本书示例4.1中的图4.1即为呈现数据变化趋势的曲线图。

图随文排,图文呼应,图不跨页。通常为先有文字叙述,后见插图。凡是学位论文中出现的插图,都必须在正文中说明,并明确写出具体图号,不得使用"如上图"或"如下图"的说法。不允许与正文无关的图出现,或者有图但正文中没有提及或无任何解释。

图序号、图题、图中的文字、数字、符号、计量单位,以及图注等均符合规范。

图号指图的序号,一般按章用阿拉伯数字排序,如"图2.1",分图序按(a),(b)…编列并写在分图的下方。

图题是图的名称,应准确精练地反映图的内容。

图号与图题置于图的下方,两者间空1格,图题末不加标点符号。分图号与分图题置于图号与图题的下方。

图注与说明,除了作者原创的图之外,要以资料来源的方式说明图中相关信息的来源,包括原图或者图所表达的信息是来源于其他文献,置于图号与图题之下。

图中的文字与符号应与正文中一致,字号一般小于正文。

[示例 8.3]　博士学位论文《开放式创新社区的创意管理研究》的示意图[3]

根据 Cooper 的 SGS，参照其他学者的研究，并考虑本文所研究的 OIC 的具体情境，将创意管理流程视为一个动态过程，具体为以下三个阶段：创意收集阶段、创意互动阶段和创意筛选阶段，详情如图 8.1 所示。

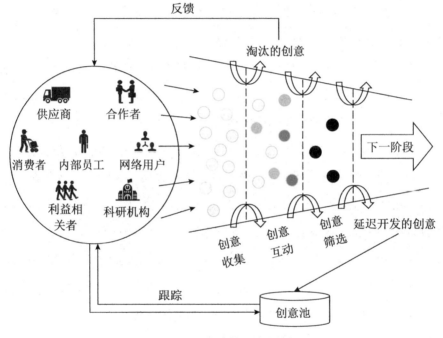

图 8.1　创意管理流程

每个阶段都需要设置管理目标，并包含一系列特定的活动，不同阶段之间并没有严格的时间界限，有可能同时进行，存在互相反馈的现象，但前一阶段是进入下个阶段的必经之路，从前至后的流动过程是受到制约的，即管理流程中的"门"。社区管理者需要统筹全局，在规范用户行为的同时，通过各种措施激发用户积极性，促进社区的活跃发展和良性运行。

[示例 8.3 点评]

该图为示意图，用于形象化地直观呈现正文中对应的文字——创意管理流程。由于为作者原创，无须资料来源说明。

8.6 表 的 规 范

表也是学位论文的重要组成部分，表是由行和列分割出的单元构成的，行和列分别区分不同的类别，单元格内显示数字或文字。表可以以简洁明了的形式辅助正文的文字叙述，尤其是以数据为主的信息，也适合可以或者需要分类表达的信息。

注意到图和表都可以直观地呈现数据，但表呈现的重点是数据个体，更加精确直观，而图能够更为形象地呈现数据之间的相对关系（如比值大小）和变化趋势。根据需要和特点，常常可以图表互现。当数据量较为庞大时，可以图为主，数据表则可作为附录之一，供参考或验证。

表随文排，一般先有正文叙述，后现表格，表中内容与正文内容相互呼应。凡是在学位论文中出现的表，都必须在正文中提及或说明，并写出具体的表号，不得以"如上表"或"如下表"的说法进行说明。不允许与正文无关的表出现，或者有表但正文中没有提及或无任何解释。

表的构成要素包括表号、表题、表头（栏目）、表身和表注。

（1）表号指表的序号，一般按章用阿拉伯数字编列，如"表2.3"。

（2）表题指表的名称，要简明准确。表号之后间隔1个汉字距离写上表题，表题末不加标点符号。表格较长需要跨页时，在续页表的右上方标明"续表"，同时表头重现。

（3）表头是表的行或列的标题，用于说明表的各单元数据或文本的类型，包括横向表头和纵向表头，或称横向栏目和纵向栏目。横向表头在表的顶端栏目，纵向表头在表的最左侧栏目。

（4）表身是表的主体，表内数据的计量单位置于表的右上角，写明具体单位符号。如各栏计量单位不同，则将单位分别写在表头的各栏中。

表身内数据应上下对齐。如有小数点，以小数点为准，如有"～"获或"/"符号，则以符号为准上下对齐。相邻单元格内数字相同时，应重复书写，不得以"同左"或"同上"简列。

表身内如为文字说明，空1格起行，转行顶格，每段最后不用标点符号。表身内无数据或文字的单元格一律空白。

（5）表注用来说明表身内术语、数据等，即在需加注的术语或数据用上标符号"*"或加圈的数字符号标注。在表的底线下方写明相应的标注符号和说明文字。说明文字分项排列，用分号结束。

如果表中的数据或其他信息来源于其他文献，则需在表的最底端写明"资料来源"，并按参考文献的规范，写明文献来源或做其他文字说明。

表中的文字与符号应与正文中一致，字号一般小于正文。

[示例 8.4]　博士学位论文《开放式创新社区的创意管理研究》的数据表[3]

用户创新（user innovation）理论是技术创新理论的重要分支，出自于对技术创新来源的研究，最早由 von Hippel 提出。一直以来制造商被视为产品创新的主要完成者，他率先对这一观点提出质疑，提出了"用户是创新者"的观点。von Hippel 发现不同行业创新源分布是多样化的，用户在某些行业如拉制成型工艺、科学仪器中占到创新来源的绝大多数，具体情况如表 8.2 所示。

表 8.2 创新源数据汇总

行业类别	创新开发者				
	样本量 个	用户 %	制造商 %	供应商 %	其他 %
科学仪器	111	77	23	0	0
半导体和印刷电路板工艺	49	67	21	0	12
拉制成型工艺	10	90	10	0	0
牵引式铲车	16	6	94	0	0
工程塑料	5	10	90	0	0
塑料添加剂	16	8	92	0	0
工业气利用	12	42	17	33	8
热塑料利用	14	43	14	36	7
线路终端设备	20	11	33	56	0

资料来源：von Hipple E. The Source of Innovation [M]．Oxford University Press，1988.

[示例 8.4 点评]

该表为正文中提及的数据表，表中各栏数据单位不同，分别写在表头的各栏中。表的底端注明资料来源。

[示例 8.5]　博士学位论文《开放式创新社区的创意管理研究》的文字表[3]

用户创新与开放式创新的对比。用户创新和开放式创新存在一致的地方，Bogera 和 West 指出，当企业从个人收集创意，不管是通过用户创新还是开放式创新，都需要打破企业边界，引入技术知识，放弃传统的垂直整合创新模式。但是二者也有显著的不同之处，遵循 Chesbrough 和 von Hippel 提出的理论范式，开放式创新倡导通过增加企业边界的可渗透性，提升公司的表现，而用户创新则倡导对创意活动进行"民主化"，重视用户在创新中的地位和作用，具体分析如表 8.3 所示。

表 8.3 开放式创新与用户创新的对比

理论名称	开放式创新	用户创新
核心参考文献	Chesbrough（2003）	von Hippel（1988）
聚焦点	企业	个人用户
关键原则	创新与公司商业模式相匹配，企业应积极接受不同渠道的创新方案	用户拥有独特的知识，他们可以表达自己的需求
创新模式	通过外部资源内化和内部资源外化创造价值	通过用户创造价值
创新目标	盈利	提升产品有用性，满足自身需求
关键的管理决策	定义开放式创新的标准和方式；打造吸收能力	发现领先用户；建立跨界战略引导用户创新
激励因素	金钱激励	自己使用；社交激励
知识转移方式	研发协议；许可权的买入和售出等	领先用户方法；用户社区
知识产权保护	有条件地公开	无偿公开

通过二者的对比可知，开放式创新坚持以公司为中心的传统范式，主要解决如何利用外部知识来提升内部创新，随即提升企业的经济表现，在产权保护上，往往强调可营利性和有效的保护措施开放式方式出现取得成功的前提；用户创新则侧重于个人利用创新解决自己的需求，而不考虑对公司成功有什么影响，它强调用户的"自愿披露"，即自愿放弃对创新成果的分配权，用户真正感兴趣的是对创新成果的使用，且用户创新往往是作为内嵌入社交社区的一部分进行的。

[示例 8.5 点评]

该表为正文中提及的分类表，表中各栏为文字说明。表中的内容为作者综合相关文献的内容提炼整理而成，无须资料来源说明。

8.7　本章小结

本章介绍学位论文的体例，包括页面设置、标题编号的规范、章的导语和小结、图和表的规范等。表面上看，这些都是技术性很强的规范，但执行的到位与否，反映出学位论文作者的写作素养甚至专业素养，一定程度上也会影响到对学位论文的评判。不可大意，更不可随意。既要排除系统性的误用，也要避免偶发性的疏漏。

第 9 章 学位论文写作流程

9.1　导论
9.2　学位论文的研究和写作
9.3　学位论文的评审
9.4　学位论文的答辩
9.5　本章小结

9.1 导　　论

研究生在完成课程学习之后，就进入研究阶段，为学位论文做准备。一般来说，无论是硕士研究生还是博士研究生，课程学习只需要 1 年左右的时间。其后，硕士研究生一般有 1 年至 2 年的时间从事学位论文的研究和写作工作，具体时间取决于 2.5 年或 3 年的学制。目前的博士研究生大都是 4 年制，因此就有 3 年的时间从事学位论文的研究和写作工作。而事实上博士研究生的延期已经成为常态，也就是说常常会有 3 年以上的时间进行学位论文的研究和写作工作。在这看似漫长的过程中，通常会有一整套程序来帮助或规范学位论文研究和写作过程，我们称之为学位论文的写作流程。这个流程大致可以分成研究和写作、评审和答辩两个主要阶段。

研究和写作主要是在导师的指导下，由研究生独立完成，而且占用了大部分的时间。而评审和答辩是对学位论文的外部监控，以确保学位论文的质量，所以也可以看作是学位论文写作流程的一部分。

研究生完成学位论文经导师同意提交申请答辩后，就松了口气，以为万事大吉，其实这只是学位论文的一个新阶段的开始，接下来面临的可能是更严峻、更繁复的考验。学位论文完成并提交后，还需要通过评审和答辩两个环节，确认学位论文合格，研究生才能毕业并获得相应的学位。因此，学位论文的评审和答辩也是研究生在学期间重要的学术活动，是学位论文写作必经的过程，所以也可以看成是学位论文写作的一个重要阶段。

在此过程中还会有大量复杂、烦琐、细致的相关工作，包括根据评审意见进行修改、补充，答辩过程中的现场报告展示、回答问题，根据答辩委员会的意见修改论文，提交学位论文的终稿。评审和答辩都有可能不通过，需要进行重大修改，重新提交论文，申请评审和答辩。

学位论文评审或答辩不通过是常态，并非世界末日，且有助于确保学位论文的质量。即使评审和答辩通过，在其后的若干年中，还有可能面临抽检。而抽检一般来说可能比评审和答辩更严格，因为抽检通常是作为上级监管的第三方机构执行的，而评审和答辩是由学位授权点自己安排的，难免有些人情因素。因此，近年来，越来越多的单位要求将学位论文统一提交到教育部"学位论文质量监测服务平台"进行答辩前的评审，以确保学位论文的质量。教育部"学位论文质量监测服务平台"汇聚了全国高校各学科领域的专家，以随机抽取和匿名评审的形式对自愿提交到该平台的学位论文进行答辩前评审，同时还承担了教育部统一组织的答辩后随机抽检的任务。因其随机、匿名、第三方等特点，其权威性越来越得到各大高校的认可。至少能够避免评审过程中可能出现的人情因素，甚至对答辩阶段的人情因素也有一定的抑制作用。

严格的评审和答辩不仅可以保证学位论文的质量，更能避免出现近年来网上披露出来的那些明显失范，甚至全文抄袭学位论文的案例。因此，评审和答辩环节的重要性不言而喻。更为重要的是，答辩通过后抽检出现问题，对导师的伤害比学生更大，导师可能被暂停甚至被剥夺招收研究生的资格，对学位点所在单位的学科建设乃至学术声誉都可能产生更为严重的伤害。因此，加强学位论文评审和答辩过程的管理已成为各学位授权点的大势所趋，尤其是针对专业学位论文，特别是延期多年的在职研究生的专业学位论文的评审和答辩。管理部门甚至把对导师的监督和惩戒前移，答辩前的评审阶段出现不合格的评审结果都要受到一定的惩罚，导师的招生资格有可能被暂停。

评审和答辩的威慑力还体现在其预设的权威性上，任何人对评审和答辩的结果都没有申诉的权利和机会，即使出现了明显的错判乃至恶意评判，只能期待下一次重新申请评审和答辩，而且要相隔足够长的时间，通常是3个月甚至半年以上。重新申请评审和答辩的机会很可能也是有限的，或许只有一次再申请的机会。

因此，无论是研究生、导师还是评审或答辩专家，都要充分重视学位论文的评审和答辩环节，保证学位论文的评审和答辩能够规范、公正地进行，真正起到其应有的作用。

9.2 学位论文的研究和写作

9.2.1 学术型学位论文的研究和写作

学术型研究生（以下简称研究生）进入学位论文研究和写作阶段之后，其工作的性质就不单纯是学生的学习，而更像是大学老师，除了没有固定的教学任务外，主要从事研究工作，因此，研究生常常被视为大学重要的科研力量，尤其是博士研究生。

就管理学科而言，一般来说，研究生应该进入导师名下的课题组从事专题研究。课题的来源可能是导师主持承担的纵向课题或横向课题，也可能是研究生作为个人兴趣所选定的研究方向。具体情况视导师的课题研究需要和研究生的个人兴趣而定。但无论如何都是在导师的指导下，以规律性的组会报告、研讨的形式展开。

所谓组会，通常是以导师及其名下的研究生组成的课题组，在自然科学领域常常称为项目主持人（principal investigator，PI）制。PI一般用于自然科学研究领域，最早出现在科研项目申请书中。简言之，作为项目申请人获得了项目的资助，就成为该项目的PI。因此，PI制是以PI为核心、以项目经费为支撑的一种研究组织形式。研究生通常就是在导师，也就是 PI 的指导下，从事指定课题的研究工作，据此完成学位论文的研究和写作。

纯粹的人文学科对研究课题的依赖和要求并不像自然科学领域那么高，一般并无明确的 PI 制，可能也没有明确的规律性的组会，更多的是以传统的一对一师徒关系为主的研究活动，研究方向更多地依赖研究生的个人兴趣而非课题项目。

管理学作为社会科学，介于自然科学和人文学科之间，越来越多地借鉴和采用 PI 制的组会形式，尽管也可能并无明确的 PI 制。

研究生进入课题组，在明确大致研究方向之后，从文献阅读开始，熟悉研究方向的相关文献。在文献的阅读过程中，尝试提出一个问题，并从这个问题开始进行规范的研究。如果这个研究有明确的结果，再尝试写成一篇可以在学术期刊或学术会议上发表的学术论文。因为就目前而言，国内绝大多数学位授权点对博士研究生获得博士学位，除了通过评审和答辩的博士学位论文之外，还额外要求发表一定数量和质量的学术论文。一方面是作为重要科研力量的博士研究生的任务，另一方面也可以从另外一个侧面佐证博士研究生的水平和能力。

某种程度上，在规定的主流期刊上发表一定数量的学术论文可能比博士学位论文本身更具挑战性。因为博士学位论文是合格性的检验，而发表学术论文却是竞争性的，要在有限的发表资源的约束下，从众多竞争者中脱颖而出，本身更加困难，也更有说服力。更何况，学术论文的评审一般采用的是双盲机制，一般来说较博士学位论文的评审更加客观，更大程度上规避了人情因素。更为重要的是，期刊论文的发表，尤其是权威期刊论文的发表通常有较长的周期，通常需要一年以上的时间，长则 3~5 年。因此，应该尽早入手。与此同时，已经发表或被接受的学术论文通常作为博士学位论文的一个组成部分，也使得博士学位论文得到更权威的认可。因此，从小论文入手，是常规的选择，符合人才培养规律和学位论文的要求。

近年来，也有人常常把博士生延期毕业的主要原因归咎于发表学术论文的"不合理"要求上，逐渐也有些有足够底气的顶尖大学或学科取消了发表学术论文的要求，希望借此使研究生更多地把精力放到学位论文上。这一定程度上也说明了我国的顶尖大学或学科对人才培养的质量和诚信有了足够的自信，也能被学界和业界所认可，但也仅限于少数几所头部大学或学科。

事实上，撰写并争取发表学术论文与学位论文本身并无矛盾，因为正如前述所言，学术论文本身可以成为学位论文的重要组成部分，而且很可能是更能得到认可的一部分。此外，学术论文的发表记录本身有助于研究生职场求职的竞争力。即使在国外学位制度相当成熟的背景下，研究生尤其是博士研究生发表学术论文也能提高其在职场尤其是学界求职的竞争力。就算是出身于名校名师，学位论文的发表记录也有助益。

当然，要达到这种效果，对学术论文发表也有较高的要求，至少要发表在本学科领域得到普遍认可的主流甚至顶级的期刊上。低质量的发表只能带来负面的影响。这也就是目前多数高水平的大学或学科并不要求硕士研究生发表学术论文的主要原因。因为由于时间所限，硕士研究生要在有限的时间内发表高水平的学术论文难度更大。一些国内高水平主流期刊甚至不接受硕士研究生作为第一作者的投稿，导致硕士研究生只能退而求其次地选择在非主流乃至不入流的期刊上发表论文，还可能带来诸多学风乃至学术不端的问题。

研究生通过第一篇学术论文的研究和写作小试牛刀之后，无论能否顺利发表论文，都要进入下一阶段的工作——学位论文的开题。硕士研究生由于学制较短，也没有发表论文压力，可以更早地进行开题的工作。

开题类似于基金项目的申请，要撰写开题报告并提交答辩，通过后方能进入下一阶段的研究工作。有的学校还把开题作为研究生中期考核的主要依据。博士研究生通过中期考核才能成为博士候选人，否则将分流退出博士研究生的培养。

开题报告的作用是规划学位论文的研究和写作，从选题、研究内容、研究方法、技术路线等方面确保学位论文沿着正确的方向进行，而不至于犯低级的错误。

开题报告的内容包括选题（学位论文的题目）及其意义、研究内容和方法、文献综述、论文结构、研究计划和日程安排等。其中两个最重要的标志性工作是文献综述和论文结构，它们能够清晰地表明开题报告的成熟度。文献综述表明研究生对选题所涉及的研究领域有多大程度的把握，而论文结构则表明研究生对研究的具体过程和结果有清晰的认识。因此，一个充分有效的开题报告一定程度上也表明研究生对研究领域某个研究方向有了较为全面的认知，对进一步研究的问题、内容、方法有了一定的认识和具体的规划，可以进行下一步的研究和论文写作的工作。这也是常常把开题报告作为研究生中期考核的重要原因。

开题报告的内容多大程度上能实现取决于前期工作的成熟度。学位论文的最终结果可能与开题报告有较大的差异。这是正常现象。因为任何有难度有深度的研究都具有较大的不确定性，探索未知世界更多的是从无知开始。由于对问题的认知不足，不够深入，开题报告所涉及的内容通常可能更为宽泛，涉及面较广。随着研究的进展，认知的深入，一个具体问题可能就会有较为丰富的内容，足以支撑整个学位论文的研究。或许在研究过程中可能发现新的更有价值的内容。因此开题报告的作用更多的起到考核研究生是否具备进一步研究的能力的作用，或者督促研究生尽快进入学位论文的研究和写作阶段，而非作为最终评价学位论文的标尺。有些单位对开题报告的题目有限制性的要求，开题后不能更改具体的题目。如果要修改，需要一定的程序，甚至要重新开题。有一定研究经验的学者都知道，论文的具体题目常常是在提交论文的最后一刻才确定，甚至在答辩之后都还可能修改学位论文的题目。因为答辩的过程也是学术研究的一个重要组成部分，答辩专家可能提出更好的建议，可能需要对学位论文的题目做更准确的定位。

在完成开题报告之后，就要按照开题报告的设想，从研究内容入手，逐项完成各项研究内容。在这个过程中，作为博士研究生，可能完成 2 篇以上独立的学术论文，并经历投稿和修改的过程。顺利的话，可能还会有若干学术论文被期刊接受甚至发表。尤其是国际期刊，目前普遍采用在线发表的模式，只要有了数字对象唯一标识符（digital object unique identifier，DOI）号，就算是正式出版。DOI，用于标识电子文献，具有唯一性。获得 DOI 的学术论文即表明该论文已经正式发表，可以被同行引用。这些针对具体研究内容所形成的学术论文，即使没有正式发表，都可能成为学位论文的一个组成部分，通常是一章的内容。一篇博士学位论文一般需要 3～5 个相对独立又有关联的研究。一篇硕士学位论文只要有 1～2 篇相对独立又有关联的研究。

上述研究内容完成后，就可以进入学位论文的写作中。即按照学位论文章节结构的要求，从导论、文献综述、本论到结论，把各项独立的研究串联起来，构成一个有机的整体。

根据实际完成的若干个子问题的研究内容和研究结果，在原有开题报告预期研究计划的基础上，按照学位论文章节结构的要求，对第 1 章导论中的研究问题及其意义、研究内容、研究方法、技术路线、论文结构、第 2 章文献综述、最后一章结论中的研究总结、研究结论、研究创新、研究展望等内容进行系统的梳理和表述。形成学位论文的初稿并交导师审阅。导师通常也会重点针对上述章节内容提出修改的意见和建议。经过若干次反复修改之后形成学位论文的完整内容，正式提交申请评审和答辩。

9.2.2 专业硕士学位论文的研究和写作

专业硕士学位研究生大多是在职学习，与学术型研究生有很大的区别。即使是全日制专业硕士学位，如物流工程和管理、MPAcc 等，学生也需要有半年至一年业界实习经历，在校学习时间较学术型研究生大为缩短。更重要的是其培养目标与全日制的学术型研究生不同，学位论文的选题、研究和写作过程也有较大差异。

如前所述，专业硕士学位是应用型的，其学位论文的选题一般应来源于其自身在真实企业的具体管理实践。对在职专业学位研究生而言，一般具有一定的相关行业的实践经验，此项要求基本不成问题。但是也不排除某些研究生由于自身从业背景和经历的原因，实践经验欠缺，不具备此项条件，此时选题就成了问题，只能选择非亲身经历的企业管理实践中的问题，写出来的论文难免有隔靴搔痒之嫌。或者选择纯学术的问题，又缺乏相应的学术训练，难以达到相应的要求，甚至直接在选题上受到致命的质疑。这也就是全日制专业学位研究生必须有实习经历的主要原因。实习是为了获取实践经验，更直接的是为学位论文的选题提供素材，而非就业。

对于在职求学的专业硕士学位研究生，学位论文的研究和写作基本属于业余性质的活动，只能从自身繁忙的职业工作中腾出足够的时间进行。同时由于身居校外，脱离学校的学术氛围和环境，在思想意识、价值观、思维方式、表达方式等各方面都与学位论文的要求有较大距离。尽管也有导师，有的还是双导师，既有校内导师，也有校外的业界导师，但是与导师的沟通和交流还是存在许多障碍，不可能像全日制研究生一样做到规律性组会汇报的及时沟通、交流与指导。

在此情形下，在职专业硕士研究生更需要有明确的研究计划，有明确的时间表。一般来说，每年可以有2～3次申请学位论文评审和答辩的机会，而且时间都是固定的。可以根据自身工作和学习的具体情况，首先确定申请提交学位论文的批次和时间，然后按计划倒推时间安排，确定学位论文研究和写作的每个阶段的具体内容和时间安排。其中要留下充分的时间接受导师的指导。就个人经验而言，从完整的初稿开始，没有来回10次以上的交流不可能达到学位论文的基本要求。一个来回平均需要一周左右的时间，这样就需要 10 周至少 2 个月以上的时间。而从选题到初稿的完成具有更多的不确定性，可能需要半年到一年以上更长的时间。

专业硕士学位论文的研究和写作也要从选题开始，并经过开题报告的答辩方能进入正式的研究和写作阶段。如前文所述，专业硕士学位论文的选题一般应来源于个人亲身经历的企业管理实践。因此，需要系统回顾和梳理个人的职业生涯，从具体的管理实践活动中选择适合进一步研究的具体问题进行系统的研究。在这个过程中，需要应用课程学习阶段获取的相关基础管理理论和方法，更需要查阅相关文献，熟悉研究现状和行业实践情况，为进一步研究提供理论、方法和实践基础。在与导师充分交流得到认可之后，按照研究问题及其意义、研究现状、研究内容、研究方法、论文章节结构等议题，构思和撰写开题报告并申请开题答辩。

专业硕士学位论文的选题可能有 3 种情况。第一种是研究生亲身经历的成功管理实践，第二种是研究生亲身经历的失败管理实践，第三种是研究生亲身经历但尚未实施或正在实施中尚未完成的管理实践。

显然第一种情况最容易得到认可，也可以得到更有意义的管理启示，应该成为选题的首选。

第二种情况理论上是允许的，也可能获得一定意义的管理启示，但可能受到更多的质疑。作为案例教学的素材可能是合适的，但是作为学位论文的素材却要慎重。

第三种情况一定程度上属于预研，本身也具有重要意义。事实上大多数学术型学位论文的研究都具有预研的性质。即使是全日制专业硕士学位论文，由于全日制专业硕士学位研究生实习实践的时间有限和自身身份的原因，不太可能经历一个完整的管理实践项目，更多的可能是在有限的实习实践活动中发现问题，提炼问题，收集相关资料和数据，进行具有预研性质的研究。其研究结果不太可能得到及时的实际应用，即使有实际的应用，也不太可能及时获得实际实施的结果和结论。此类研究要得到认可，需要更为扎实的理论基础和科学方法的支撑，需要更为严密的论证，才能得到评审和答辩专家的认可，而不至于以尚未实施为由被专家一票否决。对在职专业硕士学位论文而言，更需慎重对待，谨慎选择。

一旦确定选题进入写作阶段之后，需要根据个人职业工作的特点，做好时间安排。可以规律性地保证每天或者每周都有一定数量的文字输出，也可以在时间相对集中的长假或小长假批量输出。不论何种方式，都应该保持不间断的有意识的思考，否则三天打鱼两天晒网，效率堪忧。实际上写作是最好的思考，或者说写作能够促进思考。写作和思考过程中还能促进研究，不断交互，循序渐进地直达目标。在此过程中，要主动与导师尤其是校内导师保持联系，及时主动地与导师沟通和交流，避免出现低级错误，尤其是论文结构、表述逻辑和规范方面的系统性错误。尽管有开题报告做基本的保障，但是在表达方式、表述逻辑和体例规范等方面，常常会出现系统性的偏差。

常常看到的场景是，研究生直接找几本专业相同、选题相近的已经通过答辩的学位论文，照猫画虎、照葫芦画瓢地模仿着写，不知不觉就陷入模仿对象的坑。因为即使是答辩通过的学位论文也不可能是完美无缺的满分，可能是 80 分，也可能是刚好及格的 70 分。也就是说很多学位论文本身有不足，有缺陷，甚至可能会有系统性的规范方面的错误。但是作为研究新手的研究生可能并无此方面的辨别能力，以次当好，将错就错，被误导而不自知。而此时就需要导师的引导和纠偏，导师的作用就在于此。这也就是及时与导师互动的重要性所在。

导师是专业硕士学位论文研究和写作最重要甚至唯一的资源或支撑，要充分利用。在与导师的互动交流中，及时修改与回复是基本的行为准则。一周内响应是可行的节奏。有的研究生不能及时响应和回复导师的指导意见，一个月甚至半年以上不知所踪，更不能指望导师主动沟通和联系。一般来说，导师即使再忙，也会及时回复学生的指导请求。学位论文是导师和研究生共同的目标，指导研究生做研究、写论文是导师的义务和责任。当然，如果专业学位研究生不主动，一般也不要指望导师会主动催促。

9.3 学位论文的评审

9.3.1 学位论文的评审流程

在完成学位论文的初稿，经导师同意后，可提交申请评审和答辩。一般来说，博士学位论文在申请评审和答辩之前，还需要预答辩，预答辩通过后，才能申请正式的评审和答辩。硕士学位论文一般没有预答辩的要求。由于预答辩的程序与答辩基本相同，后续将与学位论文的答辩一并讨论。

硕士学位论文一般要经过两位专家的评审，评审结果可能是通过或者不通过，即使通过也可能需要根据评审专家的意见进行必要的修改，有的还需要重大修改。只要有一位专家不通过，则还需要再请两位专家评审，直到所有专家都通过。因此学位论文的评审可能是个漫长的过程，有时需要一个月以上的时间。博士学位论文更需要三位专家的评审意见，全部通过后才能进入进一步修改和正式提交答辩论文的阶段。由此可见，评审也是学位论文写作的重要环节。

因此，需要正确对待评审结果，根据评审专家提出的意见和建议，对学位论文进行有理有据的修改和补充。多数情况下，评审专家能够从不同的视角、不同的层次提出不同的要求。即使是误读、误解乃至误判，也算是从某个侧面在某种程度上提醒学位论文作者，应该在某些方面多下功夫，多做解释，准确表述，避免误读或误解，或者要能突出重点。有些评审专家很可能就是后续的答辩委员，这方面的工作也有助于答辩阶段的沟通和理解。

9.3.2 学位论文的评审内容

学位论文的评审内容包括评议项目、评价要素和分档三项内容。

其中分档一般设置为四档，分别为优秀、良好、中等、一般，或者优秀、良好、一般、较差等不同表述方式。每一档都有确定的分值范围，评审专家要给出对应的具体分值。各项分值相加总分为 100 分。一般来说，总分 70 甚至 75 以上，学位论文才算合格。即使合格，还要给出是否同意答辩的建议，包括同意答辩、修改后答辩、不同意答辩。修改后答辩又可能包括修改后直接答辩、重大修改后答辩等。有的还需要给出是否推荐为优秀论文的建议。最后还需要给出足够字数的针对学位论文的学术评语及对论文不足之处的建议。对于博士学位论文，有的还需要对论文作者自述的创新点做出评价，也包括优秀、良好、中等、一般四个档次，也有的只需要做出简单的是与否的判定。

评议项目和评价要素与学位论文的学科、专业和学位的性质（博士学位或硕士学位、学术型学位或专业学位）有关，各校或学位授权点也有所不同。大致涉及学位论文选题及其意义、理论知识和研究能力、研究成果的价值、写作水平四个方面的内容。

选题及其意义主要考察学位论文选题的前沿性、理论意义和应用价值，是否属于本学科（专业）的研究范围，研究内容恰当与否。

理论知识和研究能力主要考察学位论文理论知识的系统性和专业性，对文献和研究现状的把握，研究方法的科学性，技术路线的合理性。

研究成果的价值主要考察学位论文研究成果的理论贡献和管理启示以及创新性。

写作水平主要考察学位论文的是否结构合理、逻辑清晰、层次分明、表述流畅，引用、图表、格式、版式是否规范。

有的评审表的评价要素可能更为细化，甚至给出不同分档的具体文字表述，便于评审专家准确把握。

根据学位性质的不同，学术型学位论文尤其是博士学位论文更强调选题的前沿性和理论意义、理论知识的广度和深度、文献综述的水平、研究的难度、研究成果的理论贡献和创新性。而专业学位论文更侧重选题的真实性，研究方法的科学性、研究成果的实际应用价值。

综合上述评议项目、评价要素和分档等要求，一个典型的博士学位论文评审表如表 9.1 所示，一个典型的专业硕士学位论文评审表如表 9.2 所示。

表 9.1 博士学位论文评审表

论文题目	
学科	

评议项目	评价要素	分档
选题及其意义	选题的前沿性、理论意义和应用价值，属于本学科（专业）的研究范围，研究内容恰当	0～20
理论知识和研究能力	理论知识的系统性和专业性，对文献和研究现状的把握，研究方法的科学性，技术路线的合理性	0～30
研究成果的价值	研究成果的理论贡献和管理启示以及创新性	0～30
写作水平	结构合理、逻辑清晰、层次分明、表述流畅，引用、图表、格式、版式规范	0～20
总分	0～100	
总体评价	[ ] 优秀（总分 90～100） [ ] 良好（总分 75～89） [ ] 中等（总分 70～75） [ ] 一般（总分 0～69）	
是否同意答辩	[ ] 同意答辩（总分≥75） [ ] 修改后答辩（总分≥70） [ ] 不同意答辩	
优秀论文评选	[ ] 推荐 [ ] 不推荐	
对论文熟悉程度	[ ] 很熟悉 [ ] 熟悉 [ ] 一般	
对学位论文的学术评语（不少于150字）		
论文的不足之处和建议		

表 9.2 专业硕士学位论文评审表

论文题目		
专业		
评议项目	评价要素	分档
选题及其意义	选题来源于真实的企业管理实践，具有一定的应用价值，属于本专业的研究范围，研究内容恰当	0～20
理论知识和研究能力	应用基础理论知识和方法的能力，对研究现状的把握，研究方法的科学性，技术路线的合理性	0～30
研究成果的价值	解决问题的方案的可行性，实施效果或经济效益	0～30
写作水平	结构合理、逻辑清晰、层次分明、表述流畅，引用、图表、格式、版式规范	0～20
总分	0～100	
总体评价	[ ] 优秀（总分 90～100） [ ] 良好（总分 75～89） [ ] 中等（总分 70～75） [ ] 一般（总分 0～69）	
是否同意答辩	[ ] 同意答辩（总分≥75） [ ] 修改后答辩（总分≥70） [ ] 不同意答辩	
优秀论文评选	[ ] 推荐　　[ ] 不推荐	
对论文熟悉程度	[ ] 很熟悉　　[ ] 熟悉　　[ ] 一般	
对学位论文的学术评语（不少于150字）		
论文的不足之处和建议		

9.3.3 学位论文评审后的修改

学位论文评审后，无论结果如何，都会得到评审专家"论文的不足之处和建议"的具体内容，而且是多个专家的意见，这些意见有助于进一步完善学位论文，提升学位论文的质量，这是在正式答辩前修改论文的宝贵机会。即使评审的意见是直接参加答辩，也要充分重视评审给出的关于"论文不足之处和建议"中的意见，并进行有针对性的修改、补充和完善，特别是有明确"修改后答辩"的评审结果，更需要做明确的修改并征得导师的同意，方可进入下一步的答辩阶段。

9.4　学位论文的答辩

9.4.1　学位论文答辩的程序

学位论文一般以文本的形式呈现，可以看成是对研究生的笔试，而答辩就相当于对学生的口试（viva voce）。笔试考核多是考核研究生的文字表达能力，口试考核考核的是研究生的口头表达能力。无论是未来从事教学科研工作的博士研究生，还是在业界工作的硕士研究生以及部分博士研究生，口头表达能力包括临场反应都是必备的职场基本技能。学位论文的答辩就为研究生的口头表达提供了一次重要的训练和考核机会，使得研究生必须充分重视口头表达能力的训练。尽管在研究生的培养过程中，也有课程报告、研究报告、论文报告等方面的训练机会，但毕竟较难有学位论文答辩这样庄重的场面和严格的要求。训练不足的研究生很可能不适应答辩现场的要求，表现不出应有的学术水平和口头表达能力，使得答辩委员会成员对学位论文的评价大打折扣。特别是一场答辩有多个研究生依次进行答辩时，就会有比较，有优劣差序之分，很可能影响到对学位论文的最终评价。

学位论文的答辩分为预答辩和答辩两个阶段。一般来说，硕士学位论文不需要预答辩，而博士学位论文需要进行预答辩。预答辩一般安排在申请正式答辩的评审之前，预答辩通过的学位论文才能进入正式的评审和答辩。预答辩的主要目的在于避免学位论文出现低级、重大甚至不可修复的问题，也是学位论文正式答辩前的预演，对答辩委员会的构成和要求较正式答辩低，比如答辩委员的人数和来源等，除此之外，答辩的程序基本与正式答辩相同。

学位论文的答辩有严格的组织和程序，需要设立专门的答辩委员会。硕士学位论文答辩委员会委员至少3人，博士学位论文答辩委员会委员至少5人，并设主席1人。对答辩委员的资质也有明确的要求，一般都要求具备相应的导师资格。博士学位论文答辩一般还需要有一定比例的来自本学位授权点（大学）之外的专家参加，比如至少需要两位外单位的专家，且由外单位的专家担任答辩委员会主席。一般来说，答辩学生的导师不能作为答辩委员会成员，且不得向答辩委员会告知答辩学生导师的名字。答辩委员之外另设答辩秘书1人，一般由博士生或者青年教师担任，负责全程记录和录音。疫情期间，如果是线上线下同时进行，还可以录像。

一场硕士学位论文的答辩通常可以有4位硕士研究生同场依次进行。一场博士研究生的答辩通常只有一位博士研究生，最多只能有两位博士研究生依次进行。每位研究生答辩前，首先由答辩秘书代表导师介绍研究生的学习情况及学位论文研究和完成情况，然后在答辩委员会主席的主持下，由研究生汇报学位论文的主要工作，硕士研究生汇报时间10分钟，博士研究生汇报时间30分钟。

研究生汇报完毕后，由各位答辩委员会委员依次对学位论文进行点评并提出需要研究生明确回答的问题。在各位答辩委员会委员点评和提问之后，研究生综合各位答辩委员的问题，进行统一回答。一般来说，硕士研究生在回答问题前没有单独的准备时间，需要立即回答问题，博士研究生可以有一定的时间准备。研究生回答问题的过程中，答辩委员可以提出新的问题，或进行其他方面必要的沟通和交流。回答问题后，答辩委员会成员闭门开会讨论，匿名投票给出学位论文的成绩，并明确是否授予相应的学位，同时给出对学位论文的评语。最后由答辩委员会主席向在场人员宣读评语和决议，并宣布答辩结果。

9.4.2 学位论文报告的技巧

研究生在答辩前有一项重要的工作是准备答辩时汇报学位论文研究工作的PPT。答辩委员对学位论文工作的了解除了学位论文的文本之外，主要来源于研究生的现场报告。在有限时间内向答辩委员会成员展示学位论文的主要工作的重要性不言而喻。在内容和形式两个方面都需要精心准备。

报告的内容与学位论文摘要的表述逻辑类似。通俗地说就是要告诉答辩委员会成员，学位论文研究的问题是什么？为什么要研究（研究意义或动机）？怎么研究的（研究内容、方法和过程）？有什么结果（研究结论）？常常看到研究生按照论文的章节结构从第1章开始讲到最后一章，如此既无必要，时间可能也不够，还可能导致答辩委员的不耐烦，也反映出研究生思辨和表达能力的不足。

那么，是否只需要照本宣科地宣读学位论文的摘要？显然不是。因为摘要作为学位论文的重要组成部分是以文本书面的形式出现的，而答辩是以口头辅以PPT的形式来展示学位论文的主要工作。尽管表述逻辑相同，但是表述的形式却有很大的不同，要充分利用PPT区别于文本的特有表现力。

PPT在形式上更容易也更有必要做到图文并茂，应用图形、图像、色彩等视觉冲击，达到纯文本所达不到的效果，甚至产生惊艳的效果，让现场的听众尤其是答辩委员会成员欲罢不能。但常常看到的是直接把学位论文的文本和图表拷贝到PPT上，这样只是PPT版的文本，无法充分发挥PPT特有的表现力，达不到应有的效果。如果说文本的表达形式和逻辑是层次分明的线性形式，PPT则可以是更丰富的非线性形式。

一般来说，PPT上的文字多是提纲挈领地用标题突出展示报告的内容，应避免整页的文字甚至大块的文本，除非特别重要需要突出的内容。与文本不同的是，PPT要根据文字之间的逻辑关系，用恰当的图形和色彩将文字连接起来，突出并直观展示文字所表达的内容之间的逻辑联系，一目了然。有时还要应用PPT的动画功能逐级展示正在演讲的内容，达到重点提示的效果。

PPT 的字体字号、色彩的搭配等也有基本原则和规律。如果说学位论文正文文本一般只采用宋体和黑体两种字体，PPT 则可以有更为丰富的字体，甚至包括美术体，而尽量不使用宋体。色彩方面则讲究色系搭配，字体色和底色不应为同一色系，应有较为明显的对比度，浅色底配深色字，深色底配浅色字，否则字体色可能淹没在底色之中，难以识别，等等。这些细节看起来琐碎，似乎无关大局，但给观众的印象很可能就是不专业，没有经过很好的学术训练，甚至态度有问题，重视不够。因为作为研究生尤其是学术型的研究生，在学期间应该经历过多次学术演讲，应该有这方面的训练，积累了一定的经验。而在职的专业硕士学位研究生，因为有了更为丰富的职场经历和经验，常常需要在各种场合应用 PPT 报告和展示工作内容，在 PPT 制作和展示方面可能会拥有更多的技能和经验。但是常常看到在职的专业硕士研究生在提交了学位论文之后就以为万事大吉，不再跟导师联系，不再需要导师在答辩阶段的指导，结果答辩报告从内容、形式到逻辑都不符合学位论文答辩的基本要求，过于沉闷，或者过于活泼，效果不佳，给答辩委员留下不好的印象。而多数情况下，答辩委员对答辩人的第一印象大都来源于这有限的报告时间。

以下示例 9.1 展示的就是专业硕士学位论文《X 银行电子银行系统建设项目的进度管理研究》答辩报告的 PPT 和每张 PPT 对应的口头报告内容，即演讲词，如图 9.1～图 9.16 所示。①

[示例 9.1] 专业硕士学位论文《X 银行电子银行系统建设项目的进度管理研究》的答辩报告 PPT[6]

PPT1：尊敬的答辩委员会主席、各位答辩委会委员，老师、同学们，大家好！

---

① 本书中所展示的 PPT 原为彩色模板，受图书印刷方式限制，显示为黑白图片。

我是项目管理专业硕士学位研究生刘伟旭,我今天答辩的学位论文的题目是"X 银行电子银行系统建设项目的进度管理研究"。

图 9.1 《X 银行电子银行系统建设项目的进度管理研究》答辩报告 PPT 第 1 页

PPT2:我的报告包括问题及研究意义、研究现状、研究内容与方法、研究结果与结论等四个部分的内容。

图 9.2 《X 银行电子银行系统建设项目的进度管理研究》答辩报告 PPT 第 2 页

PPT3：第一部分内容是学位论文研究的问题及其意义。

图9.3 《X银行电子银行系统建设项目的进度管理研究》答辩报告PPT第3页

PPT4：X银行作为一家零售业务正处于起步阶段的中小银行，拟启动手机银行、网上银行、微信银行等电子银行系统的建设，实现从柜台人工服务到线上服务的业务模式转型。作为一个创新型的自主研发项目，主要存在以下3个方面的问题。

（1）进度计划高度不确定。创新性的技术方案使得进度计划不确定；用户体验要求高，需求变化大，导致需求不确定性高。

（2）系统多，系统间的关系复杂。该项目涉及10个系统的新建、11个系统的变更，且系统间关系复杂，在实施中如有一个环节出现问题，将可能造成全面返工。

（3）项目时间紧。在项目完成时间要求确定的情况下，还增加了项目范围，包括门户网站、微信银行系统等。

为解决这些问题，需有针对性地综合应用项目进度管理方法，丰富和完善X银行大型软件开发项目的进度管理方法，提升项目管理水平，以保证该项目顺利及时地完成。

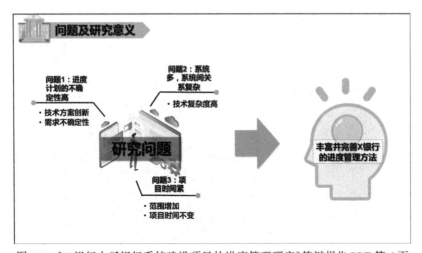

图 9.4 《X 银行电子银行系统建设项目的进度管理研究》答辩报告 PPT 第 4 页

PPT5：为了顺利开展针对上述问题的研究，需要了解相关研究现状。

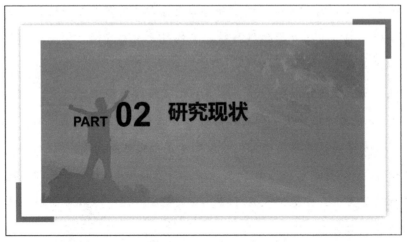

图 9.5 《X 银行电子银行系统建设项目的进度管理研究》答辩报告 PPT 第 5 页

PPT6：根据现有文献和项目管理实践的分析，软件开发项目本身具有独特性、复杂性与不确定性特点，项目延迟的主要因素包括进度计划、技术复杂度、团队和需求等方面。需要从项目进度计划、进度控制和敏捷方法等方面进行研究。

在进度计划方面：传统软件项目以计划为驱动，且往往需要历史数据，因而难以适应需求变化大、技术复杂度高等不确定性高的项目。

在进度控制方面：项目不确定性高，导致计划与实际执行往往偏差过多，如何发现和处置这些偏差还存在许多问题。

在敏捷方法方面：敏捷方法通过迭代开发不断交付产品，解决需求变化、技术复杂等不确定性高的问题，但其对于团队人员的能力和项目大小有要求，并不适用于大型软件项目的实施。

研究现状表明，尚未有针对性的方法可以综合解决大型软件项目中关于进度计划不确定性高、技术复杂度高的进度管理问题。

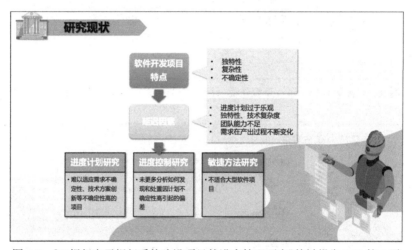

图 9.6 《X 银行电子银行系统建设项目的进度管理研究》答辩报告 PPT 第 6 页

PPT7：第三部分：研究内容与方法

PPT8：进度计划的不确定性问题，主要是因技术方案创新、需求变化导致计划难以确定或计划频繁变更，因而通过对比分析了瀑布方法与敏捷方法的优缺点，设计出整合瀑布式方法与敏捷方法的 SDLC。即按照项目的不确定性功能与确定性功能进行划分。不确定性功能交给敏捷团队，敏捷团队通过逐步迭代交付典型功能，并完成可行性验证。而瀑布式团队以滚动计划法制订计划，计划制订时可参考敏捷典型功能的实际工期数据，提高计划的准确性。通过两者的有机整合，充分发挥两种方法的优点，解决进度计划的不确定性问题。

图 9.7 《X 银行电子银行系统建设项目的进度管理研究》答辩报告 PPT 第 7 页

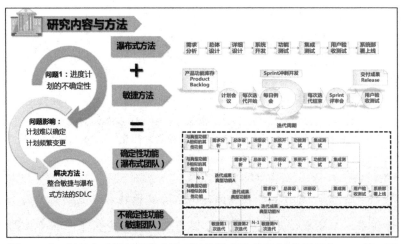

图 9.8 《X 银行电子银行系统建设项目的进度管理研究》答辩报告 PPT 第 8 页

PPT9：系统间关系复杂问题，主要是因沟通不畅、可行性问题等造成返工。一般软件项目采用产品或子系统维度做工作分解，此方式将导致问题直到验收阶段才被发现，返工成本巨大。因而，采用功能结构分解，分解出不确定性功能和确定性功能，组织上将各系统的人员分散到 4 个组中，框架组、UI 组、冲刺组负责不确定性功能，功能组负责确定性功能。这样的组织结构解决了不同系统的人员沟通不畅问题。同时，敏捷团队对典型功能实施功能穿刺，完成系统间技术可行性验证，再交付给瀑布式团队，在避免返工的情况下又保证了各团队的并行工作，提升开发效率。

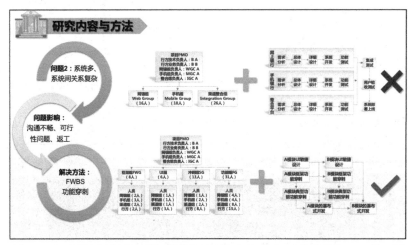

图 9.9 《X 银行电子银行系统建设项目的进度管理研究》答辩报告 PPT 第 9 页

PPT10：项目时间紧问题，主要是因范围增加但时间不变，则需要通过进度控制技术和进度优化缩短项目时间。通过分层进度控制管理，第一层总体把控进度，并发现是否存在大偏差，及时进行进度优化。在第二层的各团队，采用各种控制技术快速发现并及时解决一般偏差问题。在进度优化方面，除了任务并行、工期压缩等常见的方法外，针对软件的进度优化，还提出了架构优化的方法，可更好地缩短项目工期。同时也指出了进度提前的大偏差发现，可有效缩短项目时间。

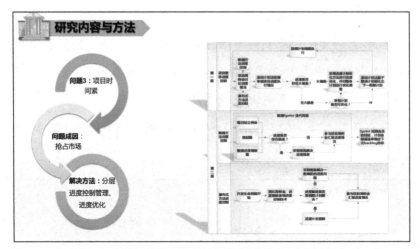

图 9.10 《X 银行电子银行系统建设项目的进度管理研究》答辩报告 PPT 第 10 页

PPT11：第 4 部分：研究结果与结论

图 9.11 《X 银行电子银行系统建设项目的进度管理研究》答辩报告 PPT 第 11 页

PPT12：在项目前期阶段，即个人银行实施阶段，通过有效管控，项目从 8.31 日完成，提前到 7.28 日完成。

PPT13：项目中期阶段是企业银行功能开发，从计划的 12 月 31 日提前到 11 月 28 日完成。

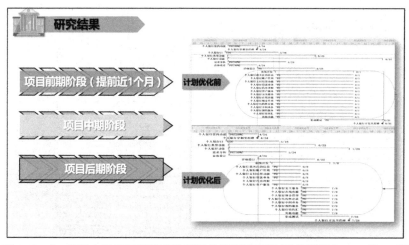

图 9.12 《X 银行电子银行系统建设项目的进度管理研究》答辩报告 PPT 第 12 页

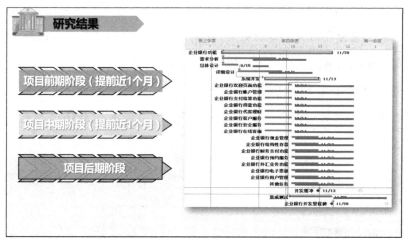

图 9.13 《X 银行电子银行系统建设项目的进度管理研究》答辩报告 PPT 第 13 页

PPT14：项目最后阶段，整个用户验收测试通过关键链技术，优化了近 20 天的工期。

最终整个项目在 4.13 日正式运行。较原计划 6.30 日提前了近 80 天时间。

PPT15：通过理论和实践相结合，在进度计划方面，整合敏捷方法与瀑布式方法，采用功能分解结构与功能穿刺法进行典型功能开发，可有效解决进度计划不确定性、技术复杂等引起的进度问题。

图 9.14 《X 银行电子银行系统建设项目的进度管理研究》答辩报告 PPT 第 14 页

在进度控制方面，分层进度控制管理流程，及时发现和处置进度偏差，同时结合偏差分类与大偏差的定义，可有效解决一般偏差过多的问题。另外，进度提前的大偏差处置有利于缩短项目时间。

在进度优化方面，使用任务并行、压缩工期等常见方法可优化进度，同时结合软件项目的特点，提出了架构优化方法，可有效优化进度，缩短项目时间。

图 9.15 《X 银行电子银行系统建设项目的进度管理研究》答辩报告 PPT 第 15 页

本研究解决 X 银行电子银行系统项目建设中进度计划不确定性、项目时间紧、系统间关系复杂等影响进度的问题，使项目提前近 80 天完成，丰富和提升了 X 银行在大型软件项目中的项目管理能力。

本文的贡献在于提出了"整合敏捷方法与瀑布式方法的软件开发生命周期方法"，"在偏差发现上，提出了对于进度提前的大偏差的发现和处置"。

PPT16. 以上就是我的学位论文报告，感谢各位老师，请各位老师批评指正。

图 9.16 《X 银行电子银行系统建设项目的进度管理研究》答辩报告 PPT 第 16 页

[示例 9.1 点评]

作为专业硕士学位论文，该论文的答辩报告只有 10 分钟左右的时间，要在这短暂的时间内完整准确地报告学位论文的全貌并非易事。更为重要的是，在此过程中还要给答辩委员会成员留下良好的印象，有助于后续答辩的互动、沟通和理解。

该报告的 PPT 共有 16 页，其中过渡性的标题页有 6 页，可以一句话带过，但也必不可少。真正有实质内容的共 10 页，也就是说每页只有不到 1 分钟的时间报告具体内容。而且不一定是均匀分配时间，而是要根据具体内容的多少、重要性乃至现场听众的反映和个人的发挥情况进行合理的调配。

从纵向逻辑上看，采用学位论文摘要文本的表述逻辑，从问题的提出及其研究意义，到研究现状、研究内容、研究方法、研究过程，最后到研究的结果和结论。

从横向逻辑上看，每页都可以应用图形化的表现形式，图文并茂地用单点或多点发散的形式展示相对独立的内容。换句话说，每一页的内容的主题尽可能单一，且可以层次分明地围绕该主题以发散的形式进行展示。

相对而言，PPT 的内容尽可能详细，但口头报告并不需要面面俱到，留有余地，可供后续答辩的时候根据所提问题的相关性展示相关内容，更显得答辩人重点突出且有备而来。

各页的内容具体评述如下。

PPT 第 1 页是题目页，需要突出的是学位论文的中文题目，辅以英文题目，同时显示答辩人的姓名、专业等信息。如果有盲审的要求，不应显示指导教师的信息。作为开场白，除了必要的礼貌用语外，口头上只需要准确无误地表述，无须过多解释。

PPT 第 2 页是概要或大纲页，给出报告的结构安排。口头上一般也不需要过多解释，待后续说明。

PPT 第 3 页是第 1 部分问题及其研究意义的标题页，属于过渡页，可一句话带过。

PPT 第 4 页用一页的空间展示问题及其研究意义的具体内容，通过图文的形式展示在管理的具体实践中发现的 3 个问题及其研究意义，图示上围绕研究问题这个中心，标题式地分散展示 3 个方面的问题及其产生的原因，同时指向其研究意义。口头上可以根据内容的特点做必要的展开。

PPT 第 5 页是第 2 部分研究现状的标题页，属于过渡页，也可一句话带过。

PPT 第 6 页用一页的空间展示研究现状，从软件开发的特点出发，针对软件开发进度延迟的问题，从 3 个方面说明可供借鉴的研究及其不足，为后续研究内容和研究方法提供依据。

PPT 第 7 页是第 3 部分研究内容与方法的标题页，属于过渡页，也可一句话带过，无须在此页上过多停留或做过多解释。

PPT 第 8～第 10 页分别是针对前述提出的 3 个问题所对应的 3 个研究内容及其研究方法。从问题及其产生的影响到解决方法，再根据解决方法，用结构化的逻辑框图展示研究的技术路线。形象、直观、细致而又专业。

口头表达则无需面面俱到，应重点突出。未涉及部分的细节可能会是后续答辩时回答问题可能涉及的相关细节。

PPT 第 11 页是第 4 部分也是最后一部分研究结果与结论的标题页，也属于过渡页，可一句话带过。

PPT 的第 12～第 14 页分别从项目的前期、中期、后期三个阶段说明前述解决方案的实际实施效果，即研究结果。图表展示的形象直观。口头上简要说明，图表的详细信息可能在后续答辩期间涉及。

PPT 的第 15 页为研究结论，从进度计划、进度控制和进度优化等 3 个方面，针对学位论文提出的 3 个问题，说明应用相应研究方法所取得的研究成果，并据此提出一定的管理启示。

PPT 的第 16 页为结束页，礼节性地结束展示和演讲。可根据实际时间使用情况，适当展开。

PPT 和演讲词是互补的，具有不同的功能。再好的 PPT 也只是给听众看的，不是给报告人看的，更不能作为报告人的提词器。演讲词只是在预排演练阶段做的记录，并非必须有文字的记载。一个有经验的演讲人不能照着演讲词念稿子，而是要脱稿现场发挥。

报告过程中，报告人应该目视听众，与听众做必要的眼神交流，观察听众的反映，并据此对报告的内容做及时的调整。报告人需要通过翻页器根据报告的进程随时掌控 PPT 的进度。常常看到答辩现场，研究生面对着屏幕自言自语，甚至喃喃自语。答辩委员埋头看纸质文本的论文，其他听众低头看手机。这样的场景表明，研究生的报告不能吸引听众的注意，没有达到应有的效果，可能会影响到答辩委员对研究生的第一印象，由此产生的后果难以判断。如果 10 分钟乃至 30 分钟的汇报过程，研究生能够应用声像效果吸引听众尤其是答辩委员的注意力，就有可能达到良好的效果，至少留下良好的印象。这样的效果实际上也反映了研究生的综合素质，而这种综合素质的养成需要平时有意识的积累和训练，尤其是在准备答辩的过程中，需要进行反反复复的演练，逐步完善。这也需要专门的训练和积累，至少需要这方面的意识和尝试。

9.4.3 学位论文答辩的技巧

回答答辩委员的问题是学位论文答辩的重要环节。一方面答辩委员可以测试研究生的学术素养和对相关基础理论和方法的掌握程度；另一方面也是交流沟通、释疑解惑的好机会，避免答辩委员对论文和报告的误解乃至误判。答辩委员可能提出的问题五花八门，包括格式规范、逻辑结构、行文方式、具体细节和进一步引申的相关学术议题。其中有低层次的格式规范、行文方式问题，也有深层次的理论和方法问题。

对学术型学位论文尤其是博士学位论文，涉及更多的是深层次的理论和方法问题。而对应用型的专业硕士学位论文，常常纠缠于基本的格式规范和行文方式问题，因为专业硕士学位的研究生往往缺乏基本的学术训练，导师的指导也不到位，不足百页的论文常常是满目疮痍，惨不忍睹。这些触目可及的形式上的问题就足以占用答辩委员有限的评议和提问时间，而无暇顾及具体的理论、方法和应用问题。

研究生在回答答辩委员提出的问题时，可以根据答辩委员提出问题的相关性，进行必要的提炼和综合，有理有节，实事求是地回答问题。切忌对答辩委员提出的问题进行评价,哪怕是恭维性的评价,只需要感谢。有一说一。即使是不能理解、有疑惑,或者无法回答的问题,只需要实事求是地说明自己的观点和初衷,没有必要争辩、质疑,甚至拒绝回答问题。尽管答辩的原意就是要捍卫自己的观点。

要做到这一点,除了具体的专业问题之外,也要对学位论文的定位、规范、结构、表述逻辑以及体例等各方面的问题有深刻的理解。不仅知其然,更要知其所以然,才能有理有据地说明自己的观点,取得可能有不同观点的评审专家和答辩委员的谅解、理解、认可,至少包容。

此外,研究生在答辩过程中,切记不要提到导师的名字,或者言必称导师的想法、意见和建议,这样很容易引起答辩委员的反感。答辩现场答辩委员是绝对的权威,导师只是指导研究生的研究和写作,最终还是需要研究生自主完成研究和写作工作,研究生要为自己的学位论文负责,不能把导师当作挡箭牌。再资深、再"权威"的导师也不能保证研究生的学位论文没有问题或者不能质疑,否则就不需要答辩。

9.4.4 学位论文答辩的礼仪

答辩过程的表现很大程度上反映了研究生的综合素质,这不仅仅体现在汇报环节,其他环节的礼仪也同样重要,包括着装、言行举止等。

一般来说,研究生要着正装参加答辩的全过程,尤其是商学院的学生。在等待答辩或者自己答辩完成之后都要全程在答辩现场参与必要的活动,包括参加同场答辩的学生的答辩过程,直至答辩委员会宣布答辩结果,宣告答辩结束。答辩本质上也是一个学习和学术交流的过程。在这个过程中也能学到很多东西,可以积累经验。有参加答辩的研究生随意出入答辩现场、迟到、早退,甚至还发生过研究生报告和回答问题之后,未等答辩委员会宣布答辩结果就自行离去的尴尬场景。

也常常看到学生 PPT 报告最后出现"感谢聆听"的字样,尊卑不分,令人汗颜。因为聆听作为谦词指的是晚辈听取长辈的教诲、下级听取上级的指令。

9.4.5　学位论文答辩后的修改

学位论文答辩通过后并非万事大吉，还需要根据答辩过程中答辩委员提出来的问题和讨论的结果，进行修改和充实，经导师同意后才能正式提交备案并申请相应的学位。这也正是我们把学位论文的答辩视为学位论文写作流程的一部分的原因所在。

就博士学位论文答辩而言，如前所述，一般至少需要邀请2位校外专家出席，而且其中一位专家作为答辩委员会主席，另外还有3位导师之外的专家出席。一般来说，这些专家尽管都属于同一学科或专业领域的学者，但也有各自的专长，可以从不同的角度或深度提出有价值的问题和建议，这些问题和建议很可能就是研究生及其导师所欠缺或疏忽的。答辩过程中也可能出现专家之间、专家与研究生之间沟通、讨论的场景，这些讨论很可能有助于澄清某些疑惑，很可能提高学位论文的质量，对完善学位论文的内容起到重要的作用。因此，答辩完成后，研究生应主动与导师认真就答辩过程中提出的问题进行讨论，对学位论文进行必要的修改和补充。某些情况下，答辩委员会的决议之外还会提出明确的修改意见和建议，特别是针对一些明显的、低级的错漏。本着对自己、对导师、对学校、对学界乃至对社会负责的态度，都必须严肃认真地对待答辩后修改的过程。尤其对专业硕士学位论文而言，相对来说基本的学术规范、格式规范方面明显的低级错漏可能较多，要充分利用答辩这个环节发现的问题，进行必要的修正和补充，使得学位论文经得起更大范围的、公众的、历史的考验。正如前述所言，学位论文即使答辩通过，还有一定的概率需要面对若干年后的抽检。抽检阶段发现的问题，对研究生、尤其对导师和学位点所在的单位和学科具有巨大的杀伤力，更应予以充分的重视。

如果学位论文答辩没通过，答辩委员会应该在决议中给出具体、明确的意见，说明不通过的具体原因，一般不能只给出简单、笼统、含糊的结论，同时还要给出修改所需要经历的时间，硕士学位论文一般 3 个月以上，博士学位论文一般 6 个月到 1 年时间不等。博士学位论文答辩不通过较为少见，硕士学位论文尤其是专业硕士学位论文则较为常见。因此，有必要说明答辩不通过之后的修改问题。

学位论文答辩不通过，一般来说意味着有较为严重的问题，从选题是否符合本学科（专业）的范围和要求，到学位论文的结构、表述逻辑，到基本格式规范的系统性错误，都有可能导致这样的结果。因此，研究生应该逐一记录答辩委员提出的具体意见和建议，进行有针对性的修改和补充。

修改学位论文的题目是很常见的事，有的学位论文可能就是因为论文题目选择不当，文不对题，论文内容无的放矢，有时换一个题目可能就成为一篇合格的学位论文。有的可能是理论或方法应用不当，则需要重新确定适当的理论依据，应用合适的方法。对于格式规范的系统性错误问题，很可能是因为误解而误用，也有可能是因为不够用心甚至不够认真。针对这类问题的修改要求都能起到再次训练学生的学术能力乃至提升基本素质的作用，因此也是合理的要求。

即使遇到有争议的问题，在坚持自己观点的同时，也可以与答辩委员会成员做必要的沟通，取得理解、共识，争取得到包容。以便在学位论文中以及二次答辩时据理力争，得到理解、支持和包容。比如，一般认为专业硕士学位论文也要有独立的一章作为文献综述，甚至还要给出理论基础。而正如前述所言，文献综述甚至理论基础的目的是为了说明与学位论文相关的研究现状，为学位论文的研究提供理论和方法论依据，而专业硕士学位研究生由于其应用性的特点和要求，并不需要也做不到像学术型研究生那样做全面深入的文献综述，反而更需要从相关行业和企业实践的角度说明研究和应用现状，而且也更符合专业硕士学位论文的特点和要求。同时可以举例某些大学就明确在评审表中申明,本校专业硕士学位论文不需要做文献综述,更不需要写教科书式的理论基础,但是要有研究现状的分析。事实上,这个研究现状就起到了文献综述和理论基础的作用,而且更为贴切。这样有理有据的解释应该可以得到理性的答辩委员会成员的理解和包容。没有必要在这一点上教条式地抠字眼,排斥异见。实际上,这些导致学位论文答辩失败的大是大非问题,答辩委员在答辩过程中一般都会提出来请研究生回答,研究生在回答问题时就可以有理有据地加以说明,并很可能得到理解和包容,也不至于成为论文不合格的主要原因。

9.5 本章小结

如果说前述各章主要讨论的是学位论文的静态结构,本章主要讨论的是学位论文写作的动态流程。其中还包括了学位论文的评审和答辩。之所以把学位论文的评审和答辩看成是学位论文写作的一部分,主要是因为学位论文的完成是以答辩通过为标志。而在学位论文的评审和答辩过程中,还会遇到各种各样的问题,需要对学位论文进行必要的修改和补充,甚至还包括答辩之后的修改和补充。更有甚者,评审和答辩也有不通过的情况,有可能需要反复,需要二次甚至多次评审和答辩。

因此,学位论文的评审和答辩不可谓不重要。除了起到考核和质量监控的作用,也是对学位论文研究和写作的重要补充。在评审和答辩过程中,可能经历各种不同学术观点乃至价值观的碰撞和争议,从具体的专业问题,到学位论文的定位、规范、结构乃至各种技术细节,都有可能受到不同观点的质疑或者得到一定程度的包容。如何在答辩中坚持自己学术观点的同时,取得不同学术观点的理解和包容,需要有理有据的沟通和反馈。这也正是本书写作的初衷之一。

参考文献

[1] 中华人民共和国国家质量监督检验检疫总局，中国国家标准化管理委员会. 中华人民共和国国家标准：学位论文编写规则 GB/T 7713.1—2006 [S]. 北京：中国标准出版社，2006.

[2] 吴子牛，白晨媛. 学位论文写作 [M]. 北京：北京航空航天大学出版社，2019.

[3] 胡素雅. 开放式创新社区的创意管理研究 [D]. 厦门：厦门大学，2022.

[4] 章敏. 新冠疫情下 Y 食品产业园生鲜冷链物流风险管理 [D]. 厦门：厦门大学，2021.

[5] 帕特里克·邓利维. 博士学位论文写作技巧 [M]. 赵欣，译. 大连：东北财经大学出版社，2009.

[6] 刘伟旭. X 银行电子银行系统建设项目的建设管理研究 [D]. 厦门：厦门大学，2022.

[7] 郭泽德. 写好论文 [M]. 北京：清华大学出版社，2021.

[8] 谢平. 新零售模式下全渠道策略的选择研究 [D]. 厦门：厦门大学，2023.

[9] 林敏宏. L 公司非生产性物料采购流程优化研究 [D]. 厦门：厦门大学，2022.

[10] 钱伟长. 宁波甬江大桥的大扰度非线性计算问题 [J]. 应用数学和力学，2002，23（5）：441-451.

[11] 张秀芹. 钱伟长是如何利用文献资料的 [J]. 党的文献，2013，3：125-217.

[12] 中华人民共和国国家质量监督检验检疫总局，中国国家标准化管理委员会. 中华人民共和国国家标准：信息与文献 参考文献著录规则 GB/T 7714—2015 [S]. 北京：中国标准出版社，2015.

[13] 戴晓沛. 基于可持续发展的公平贸易市场农产品采购策略研究 [D]. 厦门：厦门大学，2019.